U0643395

社长
总编
谈

行业媒体践行『四力』

中国行业报协会　组编

中国电力出版社
CHINA ELECTRIC POWER PRESS

图书在版编目（CIP）数据

社长总编谈. 行业媒体践行"四力" / 中国行业报
协会组编. -- 北京 ： 中国电力出版社，2025. 7.
ISBN 978-7-5239-0208-0

Ⅰ. G219.2-53

中国国家版本馆 CIP 数据核字第 2025GM7005 号

出版发行：中国电力出版社
地　　址：北京市东城区北京站西街 19 号（邮政编码 100005）
网　　址：http://www.cepp.sgcc.com.cn
责任编辑：王　倩（010-63412607）
责任校对：黄　蓓　郝军燕
书籍设计：锋尚设计
责任印制：杨晓东

印　　刷：北京瑞禾彩色印刷有限公司
版　　次：2025 年 7 月第一版
印　　次：2025 年 7 月第一次印刷
开　　本：710 毫米 ×1000 毫米　16 开本
印　　张：17.75
字　　数：262 千字
定　　价：98.00 元

版 权 专 有　侵 权 必 究

本书如有印装质量问题，我社营销中心负责退换

编委会

编委会主任 张超文

编委会副主任 孙盛鹏　耿玉锋　张守增

编委会委员 杨守娟　崔　涛　孟　琦　付树林

　　　　　　　杜　伟　吕益华　王　利　冉瑞奎

　　　　　　　毕　锋　晏　俊

编写组主任 朱胤元

编写组副主任 葛洪才

编写组成员 胡　婧　薛　梅　张伟刚　卞昌松

　　　　　　　李亚琛　张逸男　杜雨涵

序

故事的力量
——写在《社长总编谈——行业媒体践行"四力"》出版之际

中国行业报协会会长　张超文

"稿子写好了，有多少人看呢？"这不仅仅是作者收笔时的灵魂拷问，审稿的社长总编也往往心存悬疑。究其因，在信息爆炸、文字满天飞的时空坐标点上，读者的阅读标准已严苛到"鸡蛋里头捡骨头"的地步。写出的文章如果不"字字带风"，想过读者这一关，难！

在"秒读"的时代，新闻作品能不能吸引读者的"眼球"，哪怕一秒钟，答案：能，那就是"故事"。具体讲，决定新闻作品弹跳度的背后因素，是故事的力量！

纵观行业类媒体的新闻作品，尤其近几年来的作品，十万+、百万+、千万+，甚至亿万量级的阅读量，就足以说明这一点："有故事"！

习近平总书记曾在多种场合反复强调："讲好中国故事，传播好中国声音。"2021年5月31日，在主持中共中央政治局第三十次集体学习时，他强调："讲好中国故事，传播好中国声音，展示真实、立体、全面的中国，是加强我国国际传播能力建设的重要任务。"2018年8月，在全国宣传思想工作会议上，他特别指出："不断增强脚力、眼力、脑力、笔力，努力打造一支政治过硬、本领高强、求实创新、能打胜仗的宣传思想工作队伍。"

我们的理解，这是总书记对宣传思想工作队伍"讲好中国故事、传播好中国声音"提出的具体路径、方法和要求。我们各大行业类媒体一直在认真学习、践行着总书记关于"四力"的论述，同时取得了可观的成绩。《社长总编谈——行业媒体践行"四力"》一书收录的35篇相关内容的文章，就是有力的佐证。

2018年12月，由中宣部、中国记协等组织主办的第五届"好记者讲好故事"，讲述了如何以脚力深入基层；如何以眼力明辨真伪；如何以脑力深入思考；如何以笔力呈现作品。这"四个如何"道出了在践行"四力"过程中如何实际操作的秘籍。轻轻松松、敷衍了事是万万行不通的，纸上得来终觉浅，绝知此事要躬行。

践行"四力"讲好行业故事，各具特色、事迹感人。《国家电网报》突出深、蹲下身讲故事。在西藏阿里与藏中电联网工程建设期间，其派出8批次15名记者，轮流驻扎雪域高原，克服高寒缺氧等困难，累计在高原拍摄200多天，行程2万多公里，收集素材450小时，制作5集纪录片《点亮阿里》；《中国邮政报》记者在大山深处马班邮路上，与王顺友共同感受"一个人、一匹马"的孤独；《中国民航报》记者从凌晨5点一直采访到深夜23点，在如刀的寒风中爬上海拔2300米的内蒙古蛮汉山雷达站跟随守台人巡视雷达塔;《中国石油报》记者从波斯湾的科技探秘到卡拉库沙漠钻井禁区，从海拔4500米西藏震区加油站到新疆巴里坤哈萨克族牧民家庭，采访足迹遍及中亚、中东、非洲、美洲和亚太油气合作区，做到既身入更心至……书中践行"四力"的事迹满满，感人情怀。

本辑《社长总编谈——行业媒体践行"四力"》在中央宣传部、中华全国新闻工作者协会的指导和大力支持下，由中国行业报协会组编，继第一辑《社长总编谈——行业媒体融合发展》出版后，历时数月结集成书。本辑邀请了35位行业媒体的社长、总编辑，他们围绕践行"四力"讲好行业故事的主题思路、具体做法、可行经验撰写了相关文章。文章集经验、实操为一体，全方位、多侧面、立体式地展现出践行"四力"的思路与做法，值得一读。

本辑的征稿得到了中国行业报协会会员单位社长、总编辑们的大力支持和协助。他们认真打磨、精益求精，力求每一个字必须对读者负责，同时还为图书出版提出了许多建设性的意见。在此向参与本书出版的会员单位表示真诚的感谢。

我们将以"咬定青山不放松"的韧劲，继续探索和深耕"行业故事"，继续推出相关专辑，以飨读者。

2025年5月23日

目录

序

故事的力量
——写在《社长总编谈——行业媒体践行"四力"》出版之际

中国行业报协会会长　张超文

01
现场直击篇

02
深度洞察篇

03
观点交流篇

04
业务实操篇

01 ┊ 现场
直击篇

走基层永无止境　好故事常写常新

——从中国石化报社记者的七个采编片段看记者"四力"

....

中国石化报社社长、总编辑

杨守娟

....

　　形容一个人很有本事、很有能力，很多人会说"这个人有两把刷子！"这话用在新闻人身上，也很精准：全媒体大势中的新闻人，不仅会写、会拍、会策划，还要会编导、会制作、会用AI智能工具——新闻人的这"两把刷子"，像极了哪吒脚底下踩着的那对风火轮、手里舞着的那套混天绫！

　　可是，"哪吒"再厉害，终究离不开脚下根基。作为石化新闻人，要想固本强基、讲好石化故事，践行"四力"是个宝。下面，笔者就以中国石化报社记者的七个基层采编片段谈谈践行"四力"的感受。

一、脚下快三秒，新闻抢先看

　　现下，新闻视觉化已成为趋势。如何提高它的表达浓度、信息浓度、观点浓度、情感浓度，从而突破碎片化传播的局限、吸引更多受众？我认为，"脚下快三秒"是保持新闻高质感的首要先锋。多年来，我和采编人员走进火热一线、感受发展律动，唱响"中国经济光明论"的石油石化最强音。

作为中国石化报社社长、总编辑，我是一线记者出身，曾无数次参与基层采访。印象最深的一次是到中原油田采访"残疾人的好妈妈"邵均克。当时接到采访任务后，我背起办公室里常备的简易行李包，坐当天最后一班车赶赴中原。次日一早，我便随邵均克在办公室、车间、餐厅、宿舍之间连轴转。几天的采访结束，我被"邵妈妈"的博爱所打动，连夜写出稿件发回报社。这组《阳光本色》系列报道刊出后引发极大反响，后来邵均克被评为当年的"感动石化"人物之一。

当记者时脚底下"快"，当社长后我脚底下仍然是"快"。近期，当报社"新闻服务提升行动"全面启动后，第二天我便带队去基层调研，与一线员工面对面交流互动，征集建议、汇总线索，为这项"走基层"活动作了表率。

作为增强"脚力"的一个重要平台，每年的"新春走基层"活动都是报名者众。其中，摄影记者胡庆明连续13年都积极报名。2024年和2025年，胡庆明和同事在报社党委书记方忠于同志的带领下，赴中国石化最北端的加能站和基层销售企业采访。零下30摄氏度，人在室外多待一会儿，骨头都冻得生疼，回到室内更是止不住地流眼泪。胡庆明说，"这点苦算啥，加能站员工在室外一待就是一天，人家咋过的？"为了赶拍送油去牧民家的镜头，他天不亮就随加油员出发。当天下午，大量现场照片就出现在报社各媒体平台，一线员工深受感动。

"我在现场""快速响应"是中国石化报社的工作常态，更是确保时度效的重要基石。2024年，中国石化新媒体指数在中国企业、中央企业新媒体指数榜中均位列第四；中国石化微信公众号粉丝突破1300万人，阅读量10万+文章220篇，传播力始终稳居央企前列；中国石化头条号粉丝数持续位列央企第一，全年总阅读（播放）量837.84万，29次上榜头条十大热搜；中国石化微博全年阅读量超1.2亿，获"新浪政务微博优秀案例"；中国石化知乎账号获评知乎平台"2024年度宝藏政务号"。

1   1. 杨守娟社长在普光气田采气厂采访

2   2.《中国石化报》记者基层采访后的泥鞋

二、眼脑齐用力，精彩更聚焦

AI时代，新闻从被流量浪潮高高举起到快速被遗忘，快到转瞬即逝。当我们纠结新闻内容长短时，更要反思有没有真材实料、灵魂思想、人文情怀。只有不断增强"眼力"和"脑力"，"站在天安门上想问题、走到田间地头找感觉"，才能将新闻事实看得更远一些、更准一分、更深一层。为此，报社采编人员持续提升新闻内容的品质与思想深度，做到既能见微知著、又能深入浅出。

为了向世界讲好中国石化故事，中国石化报社国际传播部采编人员也是拼了。自2024年开始，她们策划推出双语融媒刊物《共进》。在做好面向涉外公司国际员工发放问卷调查、对比研究数十份外刊杂志、招募100多位共创人员等准备工作后，先后推出8期内容，受到广泛好评。为了突出融媒特色，记者马明轩在此过程中由纸媒编辑"转型"做了出镜记者，策划思路、撰写脚本、双语表达、剪辑制作，累并快乐。在第二届链博会期间，她和同事顶着七级大风外出拍摄；春节期间，邀请外籍员工逛胡同、品年味、拍视频，向全世界网友展示中国"非遗春节"的魅力；镜头前拍摄北化院的高颜值科研设备，镜头后她却被蚊虫叮了无数个包。

在筹备中国石化高质量发展成果暨"感动石化"特别节目过程中，新媒体部记者刘锦妍负责西北油田"深地1号"顺北尖刀班的全过程展示。为了取得最佳的展示效果，刘锦妍在结束其他直播采访任务后，专门在"小长假"期间自费飞往新疆，在沙漠腹地和参与者、讲述者对谈。她将相关人员拉进小群，一起碰撞火花、讨论细节，使得舞台直播时的"沙海油滴模型"等细节受到赞誉。

高质感的新闻在于其逻辑之美、新闻深度、人文张力，其核心在于采编人员持续转作风、改文风，不断增强"眼力"和"脑力"，从而将优质内容做大做强做丰富。如此，才能赢得受众青睐。

央企有关评估报告结果显示，中国石化综合指数位列央企前列。"感动石化"人物评选活动因其"放大人性之美、树立行业标杆、汲取榜样力量"的力量之美，受到

中国石化报社社长、总编辑杨守娟于2024年春节
前夕在中国石化北京分公司小武基加能站采访

系统内外受众的推崇。同时，包括中国石化集团、沙特、俄罗斯等10个海外社交媒体
账号，脸书、推特、优兔等5大海外社交媒体主流平台组成的中国石化海外社交媒体
矩阵，粉丝总量超610万，位居国际能源企业前列；全年累计阅读总量约1.5亿次，互
动量超189万次；阅读量10万+帖文378篇；多项优秀案例入列《中央企业海外宣传工
作情况》。

三、笔下情意重，媒体有温度

AI大势下，要求新闻工作者"在理性与算法之间要有理、有信、有情、有趣，
更要凸显人性旗帜"。因此，新闻工作者不仅需要有推己及人的共情能力，还要有探
求问题本质的职业坚守，更要有理解人、与人交往的人本精神。

中国石化报社新闻采编人员在做好"思想引领特种兵"和"国际传播轻骑兵"的
同时，持续增强笔下力量。石化新闻里，受众听得懂的通俗语言、看得明白的视觉符
号一直在，"可拆解"式的叙事结构、可感知的新闻力量一直在。

阎茹钰是入职不足三年的年轻记者，职业素养和自律意识很强。前不久，在跟随
集团公司领导外出调研后，她利用集团审稿人员就餐的"时间差"整理笔记、撰写稿
件，最终赶在他们就餐结束后接续审稿环节。稿到版面，需要删减，个子较高的她半
跪着趴在现场电脑前完成。站起来时，腿已跪麻。

去江苏油田采访，连日阴雨，脚下鞋子早已废掉，她买了一双胶鞋继续采访。采
访结束，几名年轻同事围成一圈，乐呵呵地留下一张"胶鞋采访照"。如此种种，她
和记者部年轻记者们先后推出《人呢》《一切为了装置顺利开车》《飞驰人生》《天空
飘来一片"云"》《深山里的"冰雪奇缘"》《守护满满"氢"意》等一系列优质高效
的融媒体作品。

基层有活鱼，基层有策划，基层有力量。只有笔下含情，才能制作出大流量、正
能量的爆款作品。

2024年12月和2025年年初，视频发展部记者王雪琪、苟澜弋先后两次到LNG天

津接收站采访。从大船进站到装卸完毕，两人和一线员工一起收放缆绳、扛装管线，亲身体验一线岗位苦乐，不仅学会了接卸，更亲眼见证液化天然气源源汇入国家冬季保供的整个过程。回到住地，加班制作，使得系列短视频《大船是怎么进港的》《石化体验官系列》在抖音、快手、B站等多个平台发布后的全网流量达1000多万。

2024年平江洪灾发生后，报社的"石化新闻联播"平台密切关注，先后推出多期救灾新闻。其中，新闻《风雨袭城牵人心 共克时艰见真情》从受到救助的普通视角出发展开叙述，灾区群众质朴的感谢、救援人员涉水的身影、前方记者张国伟与受灾群众的深情拥抱，定格了多个感动瞬间。后方编辑冯荃、张莹精心剪辑、深情配音、辅助配乐，最终获得受众称赞。

新闻之新、思想之深、人文之暖，在于新闻工作者心入一线挖主题、融合报道搞创新、文风清新有温度。没有人会不喜欢通俗化的阐释、场景化的叙事、共情化的表达、饱和化的生产、互动化的传播。多年来，中国石化报社各媒体平台既有从小切口入手的吸睛点，更有从大格局出发的爆款品，媒体的影响力、传播力不断增强。目前，中国石化、石化V视及抖音快手B站等7个视频平台粉丝总数已达471.9万人；2024年全网发布视频近4000条，播放量7.32亿次，转赞评941万次；直播92场次，观看137万次，点赞263万次，增粉5.9万人。

走基层永无止境，好故事常讲常新。中国石化报社新闻人的"四力"践行之路，将不断向前、向前……

深入践行"四力"绘就能源强国时代答卷

——《中国石油报》社讲好石油故事的创新实践

《中国石油报》社有限公司总经理、党委副书记

耿玉锋

习近平总书记强调:"宣传思想干部要不断增强脚力、眼力、脑力、笔力,努力打造一支政治过硬、本领高强、求实创新、能打胜仗的宣传思想工作队伍。"这一重要论述为做好新时代新闻宣传工作提供了根本遵循。作为中国石油党组机关报和石油系统舆论主阵地,《中国石油报》社始终以"四力"建设为引领,在服务国家战略和集团公司高质量发展中淬炼新闻品格,在记录伟大时代、伟大征程中彰显使命担当。

一、心怀"国之大者",走好践行"四力"第一方阵

《中国石油报》社始终牢记"党媒姓党"的政治属性,紧紧围绕"宣传中央精神,传递党组声音,服务石油发展"的核心功能,深刻理解"四力"的重大意义,全面把握践行"四力"的内在要求,努力走好践行"四力"第一方阵。

坚守政治坐标,校准意识形态"定盘星"。中国石油报社将"政治家办报"理念贯穿于新闻生产各环节,把宣贯习近平总书记重要讲话和重要指示批示精神作为"第一选题"。围绕"能源的饭碗必须端在自己手里""大力提升国内油气勘探开发力

度""四个革命、一个合作"能源安全新战略等重要论述，组建调研团队深入大庆、长庆等重点企业蹲点调研，2024年形成《十年铸剑：能源发展的非凡答卷》等178篇深度报道，构建起从政治高度解读行业发展的报道矩阵，全方位展现中国石油服务国家战略的生动实践。

创新"四力"载体，打造主题宣传"样板间"。《中国石油报》社构建了以"新春走基层"和重大主题新闻行动为支撑、贯穿全年的新闻行动运行模式，实现常态化运作与品牌化发展。每年主打一项重大主题新闻行动，从二季度启动并贯穿全年，与"新春走基层"首尾衔接。通过品牌新闻行动历练队伍"四力"、提升整体采编水平。2024年，报社开展"壮丽75年——能源脊梁·加油中国"高质量发展纵深行活动，历时百余天，多路记者行程百万里，深入调研能源发展重大课题，累计创作图文稿件139篇、短视频113条，全平台总浏览量突破7000万次。《大庆何以不老》《长庆何以长青》等深度报道引发行业广泛共鸣，《温暖的收件地址》《停炉破千天》等调研案例收获媒体同行高度赞誉。

深化流程再造，构建内容生产"新范式"。近年来，《中国石油报》社持续推进新闻生产供给侧改革，通过构建"策划—执行—反馈—优化"全链条闭环管理体系，推动传统"新闻纸"向兼具思想高度、观点锐度和专业深度的"思想纸"转型。创新建立编前会、周例会、月例会、采编分享会"四会联动"机制以及编委会决策、总编室督导、采编部门落实的"三级协同"选题管理模式，覆盖"策采编发评"全流程。定期开展新闻作品评析会、重大主题新闻行动复盘会，解剖麻雀式分析作品优劣得失；总结采访报道经验教训，持续提升采编队伍"四力"素养。系列改革举措促使采编队伍在实战中加快能力建设，实现专业素养的跨越式提升。

二、扎根火热实践，淬炼石油新闻硬功夫

"脚力、眼力、脑力、笔力"是新闻工作者的职业素养根基，也是马克思主义新闻观的基本要求。广大石油新闻工作者始终秉持这一理念，用好调查研究"传家宝"，

《中国石油报》深入贯彻落实能源安全新战略特别报道《十年铸剑：能源发展的非凡答卷》

"壮丽75年——能源脊梁·加油中国"高质量发展纵深行东北组在辽河油田采访

把"常走基层、长在一线"内化为纪律要求,在实践中锤炼专业本领。

以脚步丈量时代厚度。好作品始于足下。以"新春走基层"为例,中国石油报社将活动做实做细,打造为锤炼队伍、践行"四力"的重要平台。从波斯湾的科技探秘到卡拉库姆沙漠钻井"禁区",从海拔4500米的西藏震区加油站到新疆巴里坤哈萨克族牧民家庭……采编团队足迹遍布中亚—俄罗斯、中东、非洲、美洲和亚太五大油气合作区及国内各省区市,既"身入"更"心至",将时代发展的宏大主题融入基层见闻。采访成果凝结为《12次通话:电波里的家与国》《花儿为什么这样红》《一封家书》《冰雪同梦——加油亚冬会》等优秀融媒产品。2025年"新春走基层"活动全网传播量累计2.3亿次,生动展现石油人为梦想拼搏、为幸福加油的奋斗姿态。

以慧眼洞察时代脉搏。好新闻成于敏锐观察和深入思考。2024年一季度,中国石油报社采访团队发现成品油需求疲软,消费总量步入了下降通道,围绕"短期波动还是趋势转变"展开调研,通过三重维度分析,构建"现状—应对—前瞻"报道框架,采访十余位权威专家,在行业中引发广泛关注;开展国际案例比较,研究全球能源转型经验;梳理20年成品油消费数据,最终推出"成品油市场观察"系列报道,回应行业对"拐点是否已至"的困惑,为企业应对和下一步发展提供了有益思考,相关成果被纳入企业党委理论学习中心组学习材料。针对上游勘探开发业务中油田和油服双方合作存在的深层次矛盾,记者深入调研剖析提出的机制优化建议为集团决策提供了关键参考。

以匠心书写时代答卷。好传播精于匠心。在报道我国首口超万米科探井——深地塔科1井时,记者以"四力"诠释匠心。在开钻、突破万米等重要节点3赴现场蹲点调研,采访60余名企业管理者、科研工作者,连续2个春节驻守井场。亲历卡钻、钻具掉落等艰难时刻,见证刷新亚洲最深直井纪录的决胜瞬间。长达两年的持续跟踪,采访团队积累了地质、工程、装备、信息化等全方位知识,在2025年2月"深地塔科1井完钻"专项报道中,一周内推出242件产品,提供的全媒体产品被新华社、新华网、人民日报公众号转载后,浏览量均达到10万+,多件融媒作品全网浏览量过亿,相关

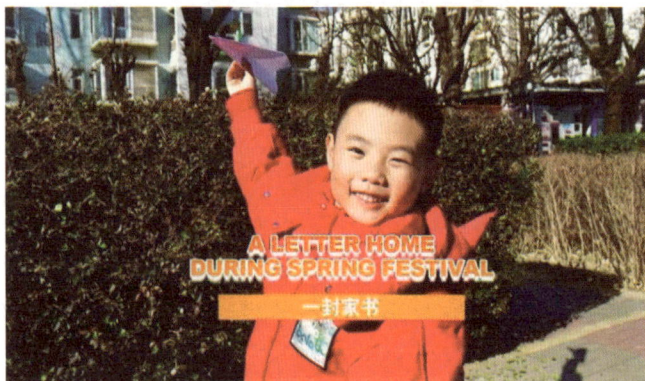

1.《中国石油报》记者许琳迪、李一蕾在西藏那曲采访

2. 视频《一封家书》在海外社交媒体矩阵点击量达百万次

话题最高位于知乎热榜第1位、微博热搜第3位、快手热榜第3位，全网相关报道及转载共计4.8万余篇，其中海外新闻报道超700篇，引发社会公众对石油工业这一里程碑事件的广泛关注。

三、深化"四力"实践，打造石油全媒铁军

在深入推进主流媒体系统性变革的时代背景下，《中国石油报》社持续深化"四力"实践，通过系统化支撑、协同化创新、智能化传播，全力锻造石油全媒铁军。

构建践行"四力"的强力支撑。从体制机制着手，为践行"四力"提供强力支撑。建立"无采访不写作"的实战练兵机制，常态化开展调研行、万里行、"新春走基层"等品牌新闻行动，组织采编骨干深入万米深井等重大工程现场，在火热实践中夯实基本功。构建"线上+线下"融合培训体系，积极参与各类线上培训，开设报社大讲堂、"定制化"业务培训班、单项业务"小灶"培训等，持续提升采编队伍能力建设。打破部门藩篱，通过揭榜挂帅等方式，设立青年创新项目基金，孵化跨部门融媒体项目。建立周评、月奖、年优的多层级好新闻激励机制，增强采编队伍深入一线勤练"四力"、创优争先的积极性。

汇聚践行"四力"的最大合力。统筹石油战线宣传资源，激活企业记者站、通讯员通联网络，在重大主题报道中建立跨部门、跨企业、跨地域、跨平台的协同机制，实施一体化策划与调研。引入"最强大脑"，组建石油系统院士专家智库，为深度报道聚智赋能。坚持开门办报理念，深化与外部媒体合作。短视频作品《父子的约定》，通过与人民铁道报跨行业联动，讲述LNG槽罐车司机郑有录、青藏铁路列车员郑鹏父子坚守"天路"，多年未能团圆的感人故事，以平实的视角展现了石油人的家国情怀，获评全国性行业类媒体2025年"新春走基层"活动优秀案例。

探索践行"四力"创新实践。充分应用新理念新技术赋能采编队伍践行"四力"。以用户需求为导向，构建"技术+智能+场景"的融合传播新模式，通过大数据画像精准洞察受众偏好，依托AI内容生成提升创作效率，借助全媒体矩阵实现智能

1. 2024年3月4日14时，深地塔科1号成功突破万米大关。图为记者余果林（右四）在司钻房与现场工作人员一起庆祝

2. 利用AI辅助制作《深地万米江山图》（左）。《深地色卡》系列海报被人民日报官博转载（右）

3. "新春走基层"视频作品《父子的约定》

分发，打造覆盖新闻生产、内容分发和效果评估全流程的全媒体生产传播工作机制和评价体系。在深地塔科1井完钻报道中，《中国石油报》社新媒体运用DeepSeek模型打造"地心rapper塔科小子"3D动画，利用AI辅助制作《深地万米江山图》并实现静态长图的动态展示，利用SVG技术动态展示钻井过程，结合中国传统色制作《深地色卡》系列海报及短视频，融媒产品被新华社、新华网、人民日报等央媒平台转载，实现现象级传播，叫响中国石油深地品牌。在国际传播领域，AIGC技术支撑《印象中国石油》系列作品全球传播量突破1600万次，推动专业报道向"可视、可听、可互动"升级。2024年，中国石油海外传播力综合指数得分首次在97家中央企业中位列第一。

站在新的历史方位，《中国石油报》社将始终以习近平新时代中国特色社会主义思想为指导，以更强健的"脚力"深入基层，以更敏锐的眼力洞察时代，以更睿智的"脑力"思考发展，以更厚重的"笔力"书写华章，唱响能源报国主旋律，讲好中国石油好故事，为保障国家能源安全、建设能源强国作出新的更大贡献。

躬身淬炼"四力"
持续讲好习近平法治思想的检察实践故事
——以检察日报社"法治中国行"全媒基层采访活动品牌建设为例

检察日报社党委书记、社长

李辉

....

"好的新闻报道,要靠好的作风文风来完成,靠好的脚力、眼力、脑力、笔力得来。"习近平总书记在2016年党的新闻舆论工作座谈会上的重要讲话,为新闻战线答好如何写出好的新闻报道这道"必答题"提供了根本遵循。在2018年全国宣传思想工作会议上,习近平总书记进一步强调"不断增强脚力、眼力、脑力、笔力,努力打造一支政治过硬、本领高强、求实创新、能打胜仗的宣传思想工作队伍",把增强"四力"要求扩大至整个宣传思想文化战线。作为最高人民检察院机关报,检察日报社始终坚持准确把握和躬身践行"四力"要求,紧紧围绕党和国家工作大局、检察工作重点布局,以"法治中国行"全媒基层采访活动品牌等为抓手,生动讲好习近平法治思想的检察实践故事,不断提升新闻舆论传播力、引导力、影响力、公信力。

一、赓续优良传统，常态化深入检察办案一线采访

记者当是行者。新中国新闻事业开拓者之一范长江，深入西北地区客观报道红军活动，将抗日民族统一战线主张在《动荡中之西北大局》《陕北之行》等文稿中昭示全国读者，毛泽东主席读后亲笔致函范长江。被誉为"人民记者"的穆青，数进兰考，写出催人泪下的长篇通讯《县委书记的榜样——焦裕禄》（与记者冯健、周原合作创作），习近平总书记回忆说被"深深震撼"。这些优秀的新闻前辈身体力行，告诉我们记者必须到现场这一硬道理，这也是"脚力"排在"四力"之首的根本所在。

《检察日报》是深入宣传阐释习近平法治思想检察实践的重要阵地，没有好"脚力"，不身入基层办案现场，不与一线检察官面对面对话，则难以担当"讲述法治好故事，传播检察好声音"的重任。为鼓励和引导记者多跑现场、基层，检察日报社有着系统开展基层采访活动的优良传统。例如，2016年，为庆祝建党95周年，开展了"走长江·说检察·看发展"采访报道活动。从2017年开始，检察日报社把系统开展基层采访活动常态化、制度化，每年组织一次，每次覆盖除港澳台地区的全国31个省（自治区、直辖市）及新疆生产建设兵团检察机关。经过多年实践，这项基层采访活动逐渐发展成为检察日报社的拳头采编产品，深受读者欢迎。2024年，检察日报社编委会乘势而上，锚定品牌化发展策略，推出"法治中国行"全媒基层采访活动（下称"法治中国行"）品牌。目前，"法治中国行"已连续两年如期举行，分别是"法治中国行·庆祝新中国75华诞"2024年全媒基层行采访活动和"法治中国行·高质效办案在基层"2025年全媒基层采访活动（正在进行中）。

随着品牌建设的不断推进，"法治中国行"对践行"脚力"的要求越来越高。宣传思想工作归根到底是群众工作，检察宣传亦不例外。践行"脚力"，"法治中国行"坚持走群众路线。

从基层来。检察日报社编委会结合中央重大主题宣传要求，紧扣最高人民检察院党组新理念新要求新部署，确定当年活动总主题，统领整个报道。例如，2024年的

1

2

1. "法治中国行·庆祝新中国75华诞"2024年全媒基层行采访活动启动仪式上，首席记者邱春艳从社长李辉手中接过活动旗帜
2. "法治中国行·庆祝新中国75华诞"2024年全媒基层采访活动中，总编辑魏星带队前往贵州采访。图为报道小组完成对万峰湖联合水上检察室的采访后，与受访者等人合影留念

"庆祝新中国75华诞"，结合各地检察机关亮点工作和共和国历史印记，生动反映新中国成立75年来的巨大变化和法治中国建设的显著成效；2025年的"高质效办案在基层"，则是对最高人民检察院党组将高质效办好每一个案件、"努力让人民群众在每一个司法案件中感受到公平正义"作为新时代新征程检察履职办案的基本价值追求的积极回应和有力推动。确定总主题后，依托各地记者站，报社面向各省级检察院和新疆生产建设兵团检察院广泛征集具体选题，各地踊跃参与，仅2024年就报送选题71个。这些具体选题地域特色鲜明，有成熟的工作亮点，也有面对新形势新要求的有益探索，还有对检察工作存在问题的深入思考。经编委会审议，最终确定一地一特色选题启动采访。

到基层去。 采访主题确定后，采访队伍随即开始组建，由报社党委委员、编委委员带队，优选本部骨干采编人员，吸收各地记者站人员，组成32支全媒体报道小组，深入全国各地开始采访。每支报道小组不仅要完成对省、市、区县三级检察院的实地采访，还要走访企事业单位、感受案件现场、与案件当事人交流、聆听代表委员意见建议，深入挖掘基层检察办案的细节和故事。脚下有泥土，笔下见真情。有了真实的现场和扎实的采访，不难写出与群众共情、共鸣的文字。例如，2023年对重庆长江生态检察官制度的报道，报道小组在5天时间里，前往12个相关单位（现场），采访系统内外人士18人，把长江生态检察官制度的来龙去脉娓娓道来，于潜移默化中在读者心中播撒下保护长江生态的种子。

二、深挖新闻价值，让检察报道传递更多法治正能量

记者也当是察者。范长江以一名记者的政治敏感，走进延安，最终找到"中国的出路"。穆青重走焦裕禄走过的路，在搜集第一手资料的过程中，愈发坚定地认为"焦裕禄是一代共产党员的典型"，最后推动在全国范围内掀起学习焦裕禄精神热潮。在他们身上，我们看到了优秀的新闻记者都有一双"发现真相、弘扬正气"的新闻眼，都具备深厚的新闻发现力。可以说，没有敏锐的新闻发现力，新闻事件的潜在价值将难

"法治中国行·高质效办案在基层" 2025年全媒体基层采访活动将邀请受访者走进正义演播厅

以被挖掘和传播。这体现了"眼力"在新闻报道中的特殊意义和独特作用。

《检察日报》的读者以检察人员和其他法律从业人员为主，报社同时也在积极争取更多的社会读者来关注法治建设、支持检察工作。践行"眼力"，我们要求记者从读者需求出发，勤于观察，善于发现，深入挖掘能触动读者的新闻价值，让检察报道影响更多读者，实现检察新闻的有效传播。通过"法治中国行"，报社着力培养记者的观察力、辨别力和判断力，传递更多检察正能量。

挖掘先进经验，拓展检察发展新思路。2024年开启了进一步全面深化改革的大幕，如何以检察改革新作为融入大局、服务发展成为各级检察机关面对的新命题。湖北报道小组敏锐发现，湖北不仅是人民检察事业的重要发源地之一，还创造了人民检察史上的多个第一，许多重要的检察改革中都有湖北的经验和智慧。报道小组认为，作为全国检察改革的"闯将"，如何在改革中破题，新时代的湖北检察机关一定会给出不一样的答案。经过深入挖掘，报道小组向全国检察机关展示了在进一步全面深化改革中强化法治担当的湖北经验，报道获微信公众号10万+阅读量。

回应社会关切，寻求矛盾纠纷最优解。随着生态环境保护力度的不断加大，"村民居住地与野生动物居住地发生冲突后如何取舍"的问题逐渐显现。2023年云南报道小组就此发掘了一则当地人津津乐道的故事：保护红崩河流域大谷地核心区"犀鸟家园"的关键，在于将早年移居在此靠种植为生的40户村民迁出核心保护区，当地多次动员搬迁效果不佳。了解情况后，检察机关认为应实现"生态+社会"效益协同提升，遂积极对接相关部门，推动解决村民搬迁安置和后续生活保障问题，助力"人与野生动物居住地冲突"得以有效解决。

弘扬法治精神，激发社会向上向善正能量。文物和文化遗产承载着中华民族的基因和血脉，是不可再生、不可替代的中华优秀文明资源。党中央把文化遗产保护传承摆在治国理政的突出位置，要求全面提升文物保护利用和文化遗产保护传承水平。2024年，多个报道小组聚焦以法治之力守护中华文脉，深挖了一批优秀案例，引导更多人参与到文物和文化遗产保护中。

三、用心研究问题，高质量服务检察决策

记者亦当是思者。范长江曾勉励年轻记者："要有抱负，这抱负就是穷毕生精力研究一两个什么问题。"他本人在探索抗日救国之路中，接触到并深入研究活跃在陕北的红军抗日主张，确定找到救国良策并热情宣传，最终走上革命道路，成为新中国新闻事业的奠基人之一。对如今身处全媒体时代的记者而言，虽然较难做到"穷毕生精力研究一两个问题"，但是研究问题的精神应伴随其职业生涯始终，也就是要用"脑力"解决问题，这对记者来说是一个永不过时的标准。

《检察日报》是最高人民检察院机关报，检察工作是报社记者"思"的主要对象。如何"思"？最高人民检察院党组明确指出，与党和人民的更高要求相比，检察工作还有不小差距。这些"差距"，正是检察宣传报道所应关注和研究的：不仅要及时反映"差距"，更要通过调研采访提供"缩小差距"的思路和方法。这在"法治中国行"中得到突出体现。

坚持问题导向，突出调查研究。直面检察工作薄弱环节，带着问题深入一线寻找破解路径。2023年对安徽检察机关的采访报道《在"一体化"中谋划"高质量"安徽：加大检察侦查办案力度增强法律监督刚性》就是其中一个典型例子。刑事诉讼法赋予检察机关相应立案侦查权，但由于反贪反渎转隶等历史原因，相关检察侦查工作开展缓慢。对此，最高人民检察院新一届党组强调要"加大力度、务必搞准"。报道小组从组织保障、完善机制、夯实质量等角度，解析了检察侦查安徽样本，成了近年来为数不多的关于检察侦查主题的深度报道，为全国检察机关精准开展检察侦查工作提供了有益参考。

正视检察实践存在的问题，汇聚基层声音为上级决策提供支持。各报道小组注意搜集基层检察实践存在问题，形成领导参阅件呈报最高人民检察院，为上级决策部署提供有益参考。以2024年为例，围绕检察机关惩治洗钱犯罪、检察机关惩治网络电信诈骗、专门教育检察监督等主题，记者们在了解相关举措与质效的同时，也发现了一

些"隐忧"，同步撰写《查办洗钱犯罪亟需重视的三个问题》《警惕针对外国人的电信诈骗"杀洋盘"》《专门学校建设需重点关注六个问题》等内参文章，获最高人民检察院领导批示，相关职能部门吸收融入工作实践。

坚持广纳真言，突出代表委员心声。人民性是检察机关的本质属性，人民立场是检察工作的根本立场。近年来，最高人民检察院党组进一步加强代表委员联络工作，更加主动地倾听人民群众的意见和呼声，切实将其转化为加强和改进检察工作的强大动力。报社以"法治中国行"为抓手，广泛采访代表委员，积极延伸最高人民检察院代表委员联络工作触角。2024年"法治中国行"以单独配发代表委员点评的形式，如实记录、真实呈现代表委员的每一条意见建议。这些意见建议被最高人民检察院研究、吸纳，融入日常不断落实，并在2025年应勇检察长向十四届全国人大三次会议作最高人民检察院工作报告时作出积极回应。例如，全国人大代表、SK海力士半导体（中国）有限公司高级工程师孙华芹希望检察机关持续加大对关键核心技术、新兴产业领域知识产权司法保护力度，最高人民检察院工作报告在"服务创新驱动发展"部分予以详细回应；全国人大代表、贵州布依垚文化发展有限责任公司董事长李利建议检察机关将少数民族非遗传承与保护作为公益诉讼重点领域持续关注，最高人民检察院工作报告在"用法治守护中华文脉"部分进行了针对性回应，代表在互动中增强了对检察机关的理解信任和履职责任意识。

四、着力改变文风，把检察主题转换为百姓话题

记者更当是述者。穆青的长篇通讯《县委书记的榜样——焦裕禄》发表于1966年，时光荏苒，它所记录和歌颂的焦裕禄精神却历久弥新，感动和激励着一代又一代中国人。究其原因，在于焦裕禄精神的伟大，也在于焦裕禄精神被用心记录着、讲述着、传播着。当今天我们再读这篇通讯，各种细节、对话、场景如镜头般闪现，全文短句、短段一气呵成，很难不吸引人沉浸其中。好的"笔力"，能让好的故事入心更深、流传更广、影响更远。

检察工作专业性强，这就要求检察日报社记者必须践行"笔力"，化专业为通俗，让老百姓看得懂、好理解。报社历来倡导以讲故事的手法宣传报道检察工作，这一要求在进入全媒体时代后，进一步拓展到采写编发评转等各环节，形成融媒传播矩阵效应，"法治中国行"就是其中一个缩影。

创新语言表达，把检察主题转化为百姓话题。提倡清新文风，以"短实新"的手法把检察主题转化为百姓话题。正文写作方面，少套话、多比喻，做到软化硬的、写成活的。以2024年"法治中国行"开篇报道《"益"心向海的蓝色密码》为例，记者以一片茶叶、一片树林、一艘船三个"不可能变成可能"的故事为载体，把山东检察机关保护海洋自然资源与生态环境的举措和成效转化为老百姓身边的事，达到用通俗易懂的语言阐释复杂专业的检察工作的效果。标题制作方面，契合"读题时代"，贵新贵活，少用、不用"助力""推动"等万金油式高频词。例如，2024年对贵州检察机关的采访，主题聚焦检察履职推动少数民族文化传承保护和创新发展，标题《赓续少数民族文脉，"贵"在行动》既契合检察机关在行动的文章主题，又巧妙与"贵州"形成呼应，颇具意蕴。

创新版面设计，打造"版中版"视觉中心。践行"笔力"，落到报纸编辑这一环节，主要任务是用活版面语言、创新版面设计。从2024年开始，报社加强美编力量，为"法治中国行"栏目推出全新版面设计，利用宽窄线条渲染变化，打造"版中版"视觉中心，营造版面厚重感，激发读者阅读兴趣。"版中版"里亦有巧思，一是以"文旅盖戳"式设计展示报道省份，引领读者连续打卡"北京篇""天津篇""河北篇"等31个省级行政区；二是以淡黄色铺底单独展示代表委员点评，既凸显了代表委员点评的分量，又为整个报道的呈现增加了层次感；三是配图选用上，以办案现场图和办案效果图为主，对有细节张力的图片进行放大处理，对有呼应效果的图片进行大小搭配使用，拒绝单调和呆板，增强可视化表达。

创新融合传播，抢占短视频新赛道。2023年开始，基层行采访活动加强短视频制作，每篇报道均同步创作短视频作品。为让视频更接地气，各报道小组纷纷创新叙事角度：有的注重切换角度，把专业题材做成民生新闻，如2023年的上海视频作品，以如何解决市民徐女士一家受商业街灯光污染而影响视力、睡眠等民生问题为故事主线，巧妙展示检察公益诉讼促进城市管理举措成效；有的采用揭秘式报道手法，带领读者对检察办案一探究竟，如2024年的福建视频作品，深入企业生产车间，对话企业负责人，通过第三方视角讲述，说清检察机关如何以检察办案优化营商环境；有的将检察工作和文旅宣传融为一体，既宣传了检察又推广了文旅，如2023年的湖北视频作品，邀请检察干警化身"旅行博主"，带领大家沉浸式体验土家商贸活化石庆阳古街，在讲述检察办案助力传统文化保护与传承的同时，吸引大家前往打卡。2025年，报社将利用新建成的"正义演播厅"，邀请受访者走进演播厅，进一步丰富基层行采访活动视频报道样态。

合抱之木，生于毫末；九层之台，起于累土。对媒体单位而言，践行"四力"不是一时之需而是长久之计，不是一时之举而是固本之措。下一步，检察日报社将深入推进"法治中国行"全媒体基层采访活动，自觉淬炼"四力"，持续擦亮品牌，为谱写习近平法治思想的检察实践新篇章汇聚强大精神力量。

以永远在路上的状态锤炼和提高"脚力"

中国劳动保障报社党委书记、社长
谢瑗

　　习近平总书记指出："宣传思想干部要不断掌握新知识、熟悉新领域、开拓新视野，增强本领能力，加强调查研究，不断增强脚力、眼力、脑力、笔力，努力打造一支政治过硬、本领高强、求实创新、能打胜仗的宣传思想工作队伍。"习近平总书记提出的"四力"，涵盖新闻采写的全过程，涉及新闻工作者业务能力的各个方面，对新闻工作者提升自身能力、提高创作水平提出了明确要求，指出了方法路径。近年来，中国劳动保障报社深入践行"四力"，特别是把锤炼和提高"脚力"摆在重要位置，广大采编人员深入生产服务一线、企业群众身边，用心观察、用情倾听、用力思考，积极展现人社部门在推进中国式现代化、促进全体人民共同富裕进程中的生动实践和挺膺担当，充分反映人民群众的获得感、幸福感、安全感，新闻舆论传播力、引导力、影响力、公信力不断增强。

一、深刻理解把握习近平总书记重要论述精神，不断深化对"脚力"重要性的认识

在"四力"中，"脚力"居于首位，是新闻采写的前提和基础，是做好宣传思想工作的支撑和保障。深入学习领会习近平总书记重要论述精神，深刻认识"脚力"在新闻采写中的重要作用，对于激发新闻工作者深入基层、深入群众、深入实际的主动性和积极性，以"脚力"提升引领"四力"的增强具有重要意义。

锤炼和提高"脚力"，是加强作风建设的重要举措。 习近平总书记强调："作风问题，核心是党同人民群众的关系问题。""加强作风建设，必须紧紧围绕保持党同人民群众的血肉联系，增强群众观念和增进群众感情，不断厚植党执政的群众基础。"新闻工作是群众工作的重要组成部分。在新闻战线开展的"走基层、转作风、改文风"活动中，"转作风"是一项重要内容。新闻媒体作为党和政府的耳目喉舌、党联系人民群众的桥梁纽带，必须以人民为中心，心系人民、亲近人民、讴歌人民。如果新闻工作者脱离实际、脱离群众，就意味着作风出了问题，就会影响党和国家的工作大局。新闻工作者应积极转变工作作风、增进同人民群众的感情，眼睛向下、脚步向下，走向基层、走进群众，多挖掘普通劳动者工作生活中的鲜活故事，多宣传基层一线涌现出来的先进典型和感人事迹，多报道各级政府部门办实事、解民忧的生动实践，进一步凝聚共识、增强信心。

锤炼和提高"脚力"，是开展调查研究的题中之义。 习近平总书记强调："调查研究是做好工作的基本功。一定要学会调查研究，在调查研究中提高工作本领。""调查研究是谋事之基、成事之道。没有调查，就没有发言权，更没有决策权。"对于新闻工作者来说，调查研究更是立身立业之本、干事成事之基。"脚力"是深入基层的基础，是调查研究的前提，是充分挖掘基层工作富矿的保障。新闻工作者只有迈开双脚、走得够近，扑下身子、沉到一线，察实情、听实话、获真知，深入了解群众的需求和愿望，及时发现基层创造的新鲜经验，才能掌握最新颖、最鲜活、最生动的情

况，在围绕中心、服务大局中彰显担当作为。

锤炼和提高"脚力"，是提升作品质量的内在要求。习近平总书记强调："要增强'脚力、眼力、脑力、笔力'，这也是创作精品力作的前提和基础""好的新闻报道，要靠好的作风文风来完成，靠好的脚力、眼力、脑力、笔力得来"。从新闻实践看，真实性是新闻的生命，事实是新闻的本源，虚假是新闻的天敌。如实报道事实本来面貌，必然需要新闻工作者走出办公室，走到新闻现场，脚踏实地、扎扎实实采访。进一步说，突破个别事实的局限，从宏观上把握和反映事件或事物的全貌，全面揭示事件或事物的本质，更需要新闻工作者练就铁脚板，多走多看，全面、准确、完整了解相关信息。从受众需求看，独家的、深刻的新闻作品更吸引人、打动人。如果新闻工作者只满足于做"剪刀手""搬运工"，报道就会千篇一律、枯燥乏味、乏善可陈，就会把受众拒之门外，传播力和影响力也就无从谈起。

二、深入行业一线，在新闻实践中锤炼和提高"脚力"

"脚力"怎么样，最终要体现在新闻实践中，落实到新闻作品上，用传播效果来评判。中国劳动保障报社引导采编人员在思想认识上重视"脚力"、在实际工作中提升"脚力"、在新闻作品中检验"脚力"；多方位、多层次、多角度采访，为提高报道质量、扩大宣传影响力打下坚实基础。

浓墨重彩，做好重大报道。就业是最基本的民生，是家事，更是国事。2024年5月27日，习近平总书记在主持中共中央政治局第十四次集体学习时就促进高质量充分就业发表重要讲话。我们加强对习近平总书记重要讲话精神的宣传，组织《沿着总书记指引的方向 促进高质量充分就业》等重大主题报道。记者奔赴江苏、湖北、安徽、山西、河北等省，深入企业、高校、街镇、社区（村）等，了解各地如何将落实总书记重要讲话精神转化为促进高质量充分就业的生动实践。技能是强国之基、立业之本。我们集中力量报道世界技能大赛、"一带一路"国际技能大赛等国际技能赛事，记者在比赛现场不同赛道间来回切换，捕捉精彩瞬间，感受技能魅力，在台前幕后

中国技能健儿在第47届世界技能大赛闭幕式上

采访参赛选手、教练和赛事工作人员，深入挖掘赛事动人故事，深刻分析技能的时代价值，深度报道技能成才、技能报国典型事迹，采写出一大批生动鲜活的稿件，增强了报道的国际影响力。

以小见大，做活一线报道。年年走基层，岁岁有新事。中国劳动保障报社高度重视一年一度的"新春走基层"活动，将其作为践行"四力"的重要契机、检验"四力"的宝贵平台。以2025年"新春走基层"活动为例，报社派出28个采访组，奔赴16个省份，沉下心、俯下身、融入情，跟专列、跑市场、忙蹲点，以小切口展示大主题，积极反映各地"春暖助团圆、春风促就业"，促进百姓安居乐业的生动场景。每一座城市、每一个县区，都是高质量发展的载体。我们组织"走市县，看人社高质量发展"主题报道活动，派出记者奔赴浙江、山东、湖北、湖南、江苏、四川等省份的市（县区），进社区入村寨、走企业访群众，通过解剖麻雀式的采访调研，了解和宣传基层人社部门持续深化改革、为民办实事的火热实践。

深耕细作，做强深度报道。青年采编人员是新闻事业的生力军。报社青年记者编辑积极参加人社部开展的"人社青年攻一关""人社青年献一策"活动和"做一周基层人社人"调研实践活动，围绕高校毕业生就业、技能人才培养、新生代农民工职业发展等主题，采取蹲点调研的方式，深入相关企业、技工院校、人力资源服务产业园区、调解仲裁现场等，挖掘典型经验，发现与分析问题，反映群众呼声，提出切实可行的对策建议。社会保障是治国安邦的大事。中国劳动保障报社所属的中国社会保障杂志社开展"社保服务进万家·十城调研记"活动，记者编辑深入赤峰、沈阳、徐州、宁波、南昌、青岛、武汉、成都、昆明、延安等10座城市，调研采访这些城市开展社保经办服务的特色做法、创新举措、成功经验，见证了"马背上的社保服务"浸润牧民心田，记录下"人人都是宣传员，处处都是宣传阵地，时时都是宣传点"的理念和实践。

"社保服务进万家"活动现场

三、适应新形势新要求，以更大力度、更实举措锤炼和提高"脚力"

当前，新闻宣传工作面临新形势新任务。党的二十届三中全会提出"构建适应全媒体生产传播工作机制和评价体系，推进主流媒体系统性变革"，这对新闻战线在全媒体时代践行"四力"提出了新的更高要求。人工智能被运用到新闻采编、视频制作等领域，显示出巨大潜力，也让新闻工作者践行"四力"，特别是锤炼和提高"脚力"面临新考验。我们将把践行"四力"作为重大课题和职业要求，迈开腿、走下去，采写更多有温度、有深度、有态度的新闻作品。

走出思想误区，让锤炼和提高"脚力"成为一种习惯。当前，关于"脚力"存在一些思想误区。有人认为，依赖"脚力"、提升"脚力"是传统媒体的事，新媒体用不着。有人认为，网上有海量信息，通过浏览网站、搜索引擎查找新闻素材省时省力，而且通信手段多种多样，通过电话、微信、邮件等方式也能采访，新闻采访无须到现场、不必面对面，没必要再下苦功夫、用笨办法。还有人认为，人工智能"无所不能"，可以为新闻工作者提供极大便利，不用总跑基层、到现场。这些观点都是片面的、错误的，如不予以纠正，势必影响媒体人的公信力。大数据和信息化只是增加了发现新闻线索和选题的渠道，丰富了解新闻背景和信息的途径，只能作为辅助手段。无论时代如何变迁，技术如何发展，信息手段都不能代替一线采访，道听途说都无法胜过耳闻目睹，"别人的东西"都比不上自己的一手材料，复制粘贴都不能产生优质新闻作品。身处新媒体、信息化时代，提升"脚力"不是可有可无、无足轻重，而是更加重要、更有价值。

加强选题策划，推动走基层常态化长效化机制化。我们将紧紧围绕党中央决策部署和人社领域重要改革、重点政策和重大活动进行选题策划，组织记者编辑到基层一线"采鲜菜""抓活鱼"。深入开展"新春走基层"活动，走千里路，入百家门，以有生命、能共情的精品力作展示各地经济社会发展成就、民生保障工作举措、劳动者值班值守、群众欢度春节的喜庆景象。推动"四季走基层"，实现走基层常态化长效化，广泛报道各地推动人社事业高质量发展的具体举措、最新进展和经验做法，让"永远在路上"成为职业常态、"我在现场"成为职业状态、"不到现场不写稿"成为职业操守。

健全保障机制，激发深入一线的内生动力。把践行"四力"作为加强干部队伍建设的重要依托，通过专题新闻采访报道培养人、锻炼人、提升人，培养造就更多专业人才和复合型人才。加强内部互动，通过每月一度的评报会、专题报道研讨等多种形式，促进采编人员交流互鉴。坚持"请进来"与"走出去"并重，既邀请专家学者到报社授课，又组织人员到其他新闻单位学习取经，提高采编人员的业务能力。坚持多劳多得、优劳优得，探索建立更加科学的考评机制，对深入一线、扎根基层创作的优秀作品予以奖励，增强采编人员深入一线践行"四力"的主动性和积极性。

锤炼"脚力"，唱响新时代美丽中国建设主旋律

中国环境报社党委书记、社长

李东林

习近平总书记指出："宣传思想干部要不断掌握新知识、熟悉新领域、开拓新视野，增强本领能力，加强调查研究，不断增强脚力、眼力、脑力、笔力，努力打造一支政治过硬、本领高强、求实创新、能打胜仗的宣传思想工作队伍。"

"四力"，是新时代宣传思想工作队伍综合素质、能力水平、精神风貌的集中体现，是一个相互联系、相互促进的有机整体。其中，"脚力"是基础，是源头，"眼力、脑力、笔力"归根到底要从"脚力"中得来。深入学习领会习近平总书记重要论述精神，深刻认识"脚力"在新闻采写中的重要作用，对于激发新闻工作者的主动性和积极性，以"脚力"的提升引领"四力"的增强具有重要意义。

作为宣传生态文明建设和生态环境保护的主力军、主阵地，近年来，中国环境报社（以下简称报社）始终以习近平生态文明思想为指引，切实担负新闻舆论工作"高举旗帜、引领导向"的政治责任，把锤炼采编队伍"脚力"摆在重要位置，坚持"脚底板下出新闻"的理念，组织编辑记者深入实际、深入基层、深入群众，用有生气、有活力、有深度、有厚度的报道，彰显习近平生态文明思想的真理力量和实践伟力。

一、聚焦主题主线，唱响生态文明建设主旋律

生态文明建设关乎人类生存与发展，关乎人类未来。党的十八大以来，以习近平同志为核心的党中央站在人与自然和谐共生的高度谋划发展，以新的视野、新的认识、新的理念，深刻系统回答了为什么建设生态文明、建设什么样的生态文明、怎样建设生态文明等重大理论和实践问题，形成习近平生态文明思想，赋予生态文明建设理论新的时代内涵，开创了生态文明建设新境界。

近年来，报社始终坚持广泛宣传阐释习近平生态文明思想这一首要任务，以"身至"促"心至"，以"脚力"促"效力"，围绕生态文明建设的进展成效，开展新闻宣传工作。2022年，报社开设"在习近平生态文明思想指引下"栏目，重点聚焦各地贯彻落实习近平生态文明思想的创新举措和实践案例。先后派出多名编辑、记者奔赴各地，采写了《海南生态家底日益丰厚》《内蒙古"一湖两海"重现勃勃生机》《塞罕坝的二次创业》《"稀土王国"赣州探索绿色发展路径》等一批深度稿件，立体化、多角度展现各地在习近平生态文明思想指引下，推动生态文明建设和生态环境保护工作取得的进展和成效。

高质量发展是全面建设社会主义现代化国家的首要任务。2023年，报社推出"高质量发展调研行"栏目，陆续安排15批（次）10余名记者深入基层调研采访，挖掘各地区各领域推动绿色高质量发展方面的经验做法和突出亮点，从而更好凝聚力量，服务发展大局。在"长三角示范区调研行""云南调研行""福建调研行""江西调研行"等调研中，推出了《湖州打造"两山"转化升级版》《群众过上新生活企业迎来新生机》《奏响长三角生态绿色一体化交响曲》等一大批鲜活的稿件，这些稿件均获得地方积极反馈，并取得良好的传播效果。相关新闻作品以地方发展实践案例，通过"解剖麻雀"的方式阐释"生态优先"与"发展升级"的辩证逻辑，生动反映了各地践行"两山"理念，推动高质量发展取得的显著成效。

2024年7月，党的二十届三中全会对生态文明体制改革作出重点部署。为深入贯

彻落实全会精神，报社开设了"深化生态文明体制改革地方实践"栏目，派出精兵强将奔赴一线深入采访，聚焦各地在生态文明体制改革中的创新举措与实践成果，采写了一批具有一定借鉴参考价值的新闻报道。例如，为深入反映环评改革的进程和成果，报社专门推出"强化环评保障推动重大项目落地"系列报道，多名记者赴南水北调中线工程、中俄东线天然气管道工程等国家重大工程现场，采写了《水资源配置工程如何尽快落地？》《一座绿色国际港口怎么建？》《探寻中俄东线天然气管道工程的绿色秘密》等多篇深度稿件。

通过一系列重大主题报道，我们深刻认识到，只有把"脚力"用在党中央决策部署的主战场上，才能让新闻报道成为政策落地的"催化剂"、治理升级的"助推器"。

二、紧扣重点亮点，描绘治污攻坚宏大画卷

2021年11月，《中共中央 国务院关于深入打好污染防治攻坚战的意见》出台，对治污攻坚工作作出了具体部署。作为行业媒体，治污攻坚的主战场，就是报社锤炼采编队伍"脚力"的练兵场。

近年来，报社设立"攻坚"版面，开设"深入打好污染防治攻坚战，全面推进美丽中国建设"栏目，强化采编力量投入，围绕水、大气、土壤污染治理等治污攻坚重点工作，围绕解决人民群众身边的突出生态环境问题，采写了一批有力度、有深度、有温度的优秀新闻报道，为深入打好污染防治攻坚战进一步凝聚社会共识，夯实群众基础，提供舆论支撑和保障。

围绕水污染防治工作，报社开展了"长江黄河排污口调研行"，记者深入重庆、武汉等15个沿江城市，刊发了《"AI+无人机"破解监管人力困局》等一系列报道，推动"排查、监测、溯源、整治"闭环机制写入多省行动方案。围绕大气污染防治工作，报社策划了《高温"烤"验 "署"你最美》全媒体系列报道，围绕大气监督帮扶，展现执法铁军"烈日下的坚守"，将一线故事转化为社会理解环保、支持治污的情感纽带。围绕土壤污染防治工作，报社记者先后采写了《源头防控全力消除土壤

高温天给执法工作带来哪些"麻烦"？| 高温"烤"验 "暑"你最美

时间：2023-07-14 09:00:00　来源：中国环境APP　作者：中环报见习记者江虹霞

今年夏天，如果用一个关键字来形容，那就是"热"。多地连续发布高温红色预警，炙烤模式超长待机，如今已入三伏天，各行各业都在经受"烤"验。当记者来到生态环境执法现场发现，高温天给生态环境执法工作带来了不少"麻烦"。

执法工作不减反增

为有效监管移动源污染排放，苏州市工业园区执法人员对辖区内用车大户开展夜查，这位执法人员的汗水浸湿了整个后背。

污染隐患，看中石化天津分公司如何出招?》《四川宏达：精准溯源污染源头，揪出"元凶"保障土壤安全》等多篇报道。

中央生态环境保护督察是党中央推进生态文明建设的一项重大举措。从第一轮督察工作开始，报社就抽调业务骨干深度参与相关工作。督察进驻期间，记者既是督察组成员，深度参与督察全过程，又承担新闻报道任务，全方位、多角度展示督察工作的进展和成效，零距离、面对面了解基层一线的工作和问题，推出了一批反映督察成效、反映基层实际、反映群众心声的报道。

对督察典型案例的追踪报道是其中一大亮点。多年来，报社记者完成了一批高质量的典型案例追踪报道。例如，关于某省份建筑垃圾处理问题的稿件，获得了中央主要领导同志批示。再如，关于海南红树林破坏、甘肃张掖违规取水、河南新乡赵长城损毁等问题的追踪报道，剖析了问题症结，得到督察组充分肯定。典型案例追踪报道反映了地方存在的突出问题，分析了成因、危害，引起了地方的重视和社会的关注，起到了举一反三、警示教育的作用。

让新闻报道从"信息传递"向"价值创造"跃升，是报社作为专业媒体的使命担当。我们深刻认识到，只有以"求解思维"挖掘基层首创经验，以"全媒表达"放大治理声量，才能让"政策条文"转化为"全民行动"，为深入打好污染防治攻坚战，全面推进美丽中国建设注入强劲动能。

三、策划采访活动，凝聚建设美丽中国合力

策划重点采访活动是新闻舆论工作的重要抓手，是衡量媒体影响力和引领力的标尺。近年来，报社多次组织策划重点采访活动，推动记者队伍迈开双脚、深入现场，触摸时代脉搏，感受社会温度，捕捉那些稍纵即逝的精彩瞬间，获取宝贵的第一手新闻素材。

2023年，报社策划并实施了"美丽中国建设"大型主题采访活动。在黄河流域，记者们从青海三江源到山东东营入海口，行经沿黄9个省份，全程记录黄河流域生态

保护和高质量发展的新进展，推出了由30篇文字作品、15个视频作品组成的系列报道，全面展现了黄河保护治理的突出成效。在三江源，报社组织开展"山河行·溯源记"系列报道，记者走进黄河、澜沧江源头，推出《气候变化影响明不明显，看阿尼玛卿雪山！》等报道，通过图片、文字、视频等多种方式，展现近年来雪域高原生态环境保护的成果。在巴蜀大地，报社策划组织开展"沱江行"，邀请人民日报、新华社等多家媒体记者组成采访团，行经沱江沿线成都、自贡、泸州、德阳、内江、眉山、资阳7市，跨越两千余公里，沉浸式感受近年来沱江以及沿线城市的绿色之变、生态之变。

2024年2月起，报社策划开展"秀美中国"大型直播活动，把镜头对准国家公园和国家级自然保护区，展现我国众多珍稀动植物、生物多样性保护的亮点，利用全媒体矩阵传播生态文明理念，讲好中国生态环境保护故事，引导更多人关注生态文明建设和生态环境保护。截至目前，报社已连续策划"走进大熊猫国家公园""走进秦岭腹地""走进东北虎豹国家公园"等10期直播活动，全网播放量破亿。

近年来，报社高度重视并深入推动每年开展的"新春走基层"活动，派出记者队伍走千里路，入百家门，以有生命、能共情的精品力作展示各地绿色高质量发展成就、生态环保工作举措、生态环保铁军值班值守、人民群众欢度春节的生动景象。此外，报社着力推动实现走基层常态化、长效化，广泛报道各地推动生态环境保护事业高质量发展的具体举措、最新进展和经验做法，让"永远在路上"成为职业常态，"我在现场"成为职业状态，"不到现场不写稿"成为职业操守。

在基层，心里才有群众；在现场，心里才有触动；在路上，心里才有时代。"脚力"是"四力"的源头活水，是新闻工作者扎根时代、叩问初心的精神坐标。"脚力"的深度，决定"眼力"的高度；"脚力"的温度，滋养"脑力"的厚度；"脚力"的力度，淬炼"笔力"的锐度。站在新的历史起点上，报社将继续以"四力"建设为抓手，在服务生态文明建设大局中担当作为，以融合创新为驱动，用更多有思想、有温度、有品质的新闻作品，记录生态文明建设的壮阔征程，为美丽中国建设注入磅礴的媒体力量。

送科技，沿着黄河走！｜山河行·溯源记①

时间：2023-08-18 08:05:00　　来源：中国环境APP　　作者：中环报记者单浩田

| 1 | 1.	"山河行·溯源记"系列报道第一期视频封面 |
| 2 | 2.	秀美中国直播第一期"林海雪原寻虎迹"，记者在东北虎豹国家公园东宁片区采访，随巡护员在零下23摄氏度的雪地里查看红外相机 |

践行"四力"讲好中国知识产权故事

——以中国知识产权报社"蹲苗"主题采访调研活动为例

中国知识产权报社党委书记、社长

曾燕妮

中国知识产权报社党委副书记、总编辑

崔建军

脚下沾有多少泥土，心中就沉淀多少真情。基层一线是新闻工作者了解实际、向广大人民群众学习的好课堂，为磨炼作风、提高素质提供了广阔天地。党的十八大以来，在党中央的坚强领导下，中国知识产权事业发展翻开新的一页，丰富多彩、层出不穷的新故事、好故事、美故事，需要以更加鲜活的方式去聆听、去记录、去讴歌。2024年7月至10月，中国知识产权报社创新推出**"蹲苗"主题采访调研活动**，派出四路记者分别赴**东北、西南、中部、华南**地区，在讲好中国知识产权故事的火热实践中，推动新闻舆论工作"三贴近"取得实效。

从大江南北到长城内外，从白山黑水到锦绣岭南，中国知识产权报社记者以习近平文化思想为根本遵循，坚持深入实际、深入基层、深入群众，用心、用情、用行动挖掘能为社会凝聚共识、为改革汇聚合力、为知识产权强国建设提供不竭动力的一线故事，**共实地采访调研105天，深入四省二十市，形成各类报道和调研报告共53篇，**

2024年11月，中国知识产权报社召开"守初心　强'四力'——'蹲苗'工作总结交流会"，社长、总编辑以及与会采编人员点评"蹲苗"作品，分享心得体会

用富于时代感、现实感的新闻语言和细腻鲜活的表达方式，充分展现各地区各部门推动高质量发展的思路举措、生动实践和探索经验，生动呈现百姓身边可知可感的新变化、实实在在的新收获，"解码"各地以知识产权为支点撬动高质量发展的"时代密码"。

一、坚持系统思维，化"散"为"聚"

"脚力"是做好新闻报道工作的基础。 中国知识产权报社"蹲苗"记者坚持系统思维、群众思维、实践思维，直击各地各行业基层一线，把镜头对准田间地头，把话筒伸向人民群众，在海量"个性"故事中挖掘"共性"问题，将散落在神州大地各条战线的"泥土""露珠"汇聚成推动发展的厚重土壤和澎湃春潮，引发广大读者情感共鸣。

在祖国最北端，"新质生产力"重要概念首次提出地——黑龙江，"蹲苗"记者深入北纬53度的"中国北极"漠河，在大兴安岭山林里深度参与农户采摘、运输、销售地理标志产品蓝莓的全过程。记者以亲身体验代替隔靴搔痒，在艰难困苦的环境中、在突出矛盾的破解中、在与群众一起摸爬滚打中，真正了解和掌握基层干部群众的实际需求。此次"蹲苗"期间记者拍摄的短视频《我在漠河采蓝莓》，以"零距离"的镜头、"心贴心"的表述，走进当地群众的心坎里，让成绩和困难都在一线报道中变得可视可感。在黑龙江的20天里，"蹲苗"记者由南至北、由城市到乡村、由江畔到山林，跋涉数千公里，覆盖哈尔滨、齐齐哈尔、大庆、双鸭山、加格达奇、漠河等地，真正把握群众所思所想所盼，凝聚民心民智民力，将历史悠久、在新时代焕发新生的农业产业"富矿"的发展动力和困难阻碍抽丝剥茧地摆在读者面前。漠河的"北极蓝"、双鸭山的"瓜籽白"、大庆的"低碳绿"……黑龙江依托知识产权转型升级，将资源禀赋转化为高质量发展的"天赋"。记者下沉一线，将各地市人民在创造性实践中获得的"真知识"、总结的"金点子"、闯出的"新路子"提炼成深度报道和调研报告，为解决东北地区乃至全国的共性问题提供启示。

2024年8月,《中国知识产权报》记者田伊慧赴黑龙江开展"蹲苗"主题采访调研活动

二、坚持问题导向，由"点"及"面"

"眼力"是做好新闻报道工作的关键。"蹲苗"记者临行前，中国知识产权报社组织3次集中培训，让记者眼中有社会热点、发展难点、民生焦点；心中有政治思维、战略思维、底线思维，带着问题去观察，带着思考去行动，做到识民情、接地气，真正把群众遇到的问题发现出来，把群众真实意见反映上来，为事业发展凝心聚力，为政策完善提供参考。

在江苏，"蹲苗"记者历时31天，奔赴南京、苏州、昆山、徐州、无锡、常熟六地，采访企业、高校、科研院所、政府部门、创投融资机构、知识产权服务机构等近百家单位，在从"实验室"到"生产线"的权属界定，从"新技术"到"新产品"的资金流向，从"高质量"到"高价值"的市场竞争三个关键环节，望成效、闻过程、问背景、切要害，精准抓住创新端的职务成果转化顾虑，运用端的融资难苦恼，产业端的预期回报疑问三个主要矛盾，为从各个环节疏通堵点、解决难点，真正为搭建好跨越创新鸿沟的桥梁提供了从"借鉴"到"应用"、从"学习"到"实战"、从"蓝图"到"施工图"的有效路径。"蹲苗"记者发回专题报道《攀"创新之巅"跨"死亡之谷"》，抓住典型个案和一般规律的内在联系，深度洞察江苏开创性提出的"拨投结合"模式，实现"一把钥匙开一把锁"，在全社会取得了良好反响。

"脑力"是做好新闻报道工作的核心。在"人人都有麦克风"的时代，记者获取信息的渠道多了，但坦诚交流的渠道往往被埋没在纷繁复杂的信息中。"蹲苗"记者在面临各地各行各业各类情况时，始终保持独立思考精神，在众声喧哗、乱云飞渡中始终找准价值的坐标，在实践中点对点、实打实查摆问题，及时掌握真正的社情民意。在四川，"蹲苗"记者用29天时间，坚持不懈"磨"，真情实感"聊"，深度接触了大批首次接受采访的高校院所科研人员，深入了解专利转化运用工作进程中存在的实际困难和短板弱项，做到问政于民、问需于民、问计于民，倾听民声、尊重民意、顺应民心，发现问题、解决问题，撰写《优化模式，扭转科研人员"不愿转"心态》

调研报告，使调查研究工作同中心工作紧密结合起来，提高决策科学化水平。

三、坚持与时俱进，以"加"促"融"

"笔力"是做好新闻报道工作的落点。深入"蹲苗"一线，考验的是工作作风，厚植的是人民情怀。在走基层的同时，"蹲苗"记者力求不仅要"改文风"，也要"转作风""融新风"，以笔墨为媒、以视图传情，把"脚力"所到之处、眼力发现之美、"脑力"思考之深，用更多元化、更有特色、更接地气的表达方式呈现。

以广东为例，"蹲苗"记者致力于打造融通中外的新概念、新范畴、新表述，贴合海外读者阅读习惯，用更让外国读者信服的表述，展示造福民生的中国创新、享誉世界的中国品牌、沟通中外的中国地标、传承历史的中国非遗等内容，让世界更好读懂新时代的中国。25天里，"蹲苗"记者持续跟踪广东佛山香云纱的设计、制作、销售全过程，用心观察外国市场对此类中国传统非遗品牌的真实反应，拍摄了佛山香云纱英文VLOG，报、网、微各平台同发力，图、文、音、影齐上阵，打磨生动鲜活、"刷屏"爆款的精品力作，在对外宣传这个全新的舞台上站稳了脚跟，推动构建中国知识产权话语和叙事体系。"蹲苗"过程中的深入挖掘，让记者得以更客观、更鲜明地带着发现的眼光和关爱的情怀，走进火热的生活，感受时代的脉搏，倾听更真实的声音，讲述更动人的中国知识产权故事。记者也在此过程中锤炼了优良作风，提升了采编业务能力、深入观察能力、思考辨析能力、多元表达能力，有力展现了新时代青年记者的职业形象。

春风再起，生机盎然。2025年是"十四五"规划收官之年，也是进一步全面深化改革的重要一年。中国知识产权报社将扎实推进主流媒体系统性变革，全力塑造主流舆论新格局，牢牢掌握信息化条件下的舆论主导权，奋力打造知识产权领域新型主流媒体。2025年，报社将通过组织开展**"蹲苗2.0"主题采访调研**活动，进一步引导编辑记者在干中学、学中干，砥砺品质、增长才干，用好用活融媒体平台，生动诠释中国知识产权故事的内涵，让中国知识产权形象愈加鲜明，让知识产权助力经济高质量发展的好声音传得更开、更广、更深入。

实干不负春光　着墨奋斗图景

——践行"四力"用心用情讲好建设者故事

中国铁道建筑报社社长、总编辑

王利

　　用心走进基层，用情书写奋斗。2025年春节前后一个月，中国铁道建筑报社深入贯彻落实习近平总书记关于增强"脚力、眼力、脑力、笔力"的重要指示精神，精心组织开展"新春走基层"活动。融媒体矩阵火力全开，成百上千名记者、通讯员将中国铁建工地上演的归家团圆的期盼、勇毅坚守的奉献、笃行不怠的拼搏和激昂奋进的实干转化成一幅幅温暖的春耕图、一篇篇振奋的进行曲，为打造"品质铁建"、实现企业高质量发展凝聚起强大的思想文化力量。

　　企业的改革发展、蓬勃兴盛离不开宣传思想文化工作，"四力"本质上是一个相互联系、相互促进、密不可分的有机整体，也是由浅入深的动态学习、教育、实践过程。春节期间，《中国铁道建筑报》记者、通讯员将笔尖对准基层员工，用镜头聚焦奋斗身影，做到"脚力"首当其冲，"眼力"紧随其后，"脑力"奋起直追，"笔力"出神入化，策划、采写、制作了一批接地气、冒热气、有温度、有品质的新闻报道和群众喜闻乐见的融媒体作品，讲中国铁建好故事，树中国铁建好形象。

聆听新年贺词，眺望前方之路。根据中宣部、中国记协，以及中国行业报协会关于春节期间开展"新春走基层"活动的相关要求，《中国铁道建筑报》报、网、微、端全平台发力，根据不同平台的特点进行组织策划。报纸方面，共组织8个版面，34篇稿件，28幅图片；中国铁建官网开设"新春走基层"专栏，发布稿件及图片110余篇（幅）；新媒体平台发布52条视频和图文报道。内容聚焦重点工程建设不停工、铁建人的春节坚守、先进典型人物事迹等方面，既有重点工程的高大上、行业前沿的科技创新，也有海外跨文化交融、企业的人文关怀。重点新闻登上了央视、省部级、地方等媒体平台，各类报道频频出圈，收获了无数网友的点赞。

一、以脚力深入基层，真实鲜活，触摸浓浓年味

在新春走基层活动中，《中国铁道建筑报》记者、通讯员把脚力伸向基层，迈开双腿，走出办公室，到一线、跑现场，采写带温度、有真情的报道。春节前夕，在川西北高原的无人区里，记者跟随中铁十九局川青铁路项目建设者爬上海拔4000多米的雪山，开展年前最后一次导线测量。高原无人区寒冷而寂寞，常年的坚守倒是让建设者与当地游牧民日渐熟络，今年春节，他们便一同团聚过年。吃年夜饭时，记者看到来自五湖四海的建设者与藏族同胞围桌而坐，酥油茶、手抓肉、藏式火锅、糌粑……藏族味，中国年，悦耳的笑语洋溢在牧民家中，也洋溢在记者的笔录中。

在距中国约10000公里外，中铁二十五局正在建设我国首个援外地质公园项目——援坦桑尼亚恩格罗—伦盖地质公园基础设施项目。通讯员跟随几位职工家属一同到坦桑尼亚反向探亲。除夕这天，"小候鸟"们跟着爸爸妈妈挂灯笼、贴春联，端出红烧鱼、烤鸡、咖喱、炸香蕉等一盘盘中坦结合的美味佳肴。

迈开脚，走出去，走进一线建设者的生活，才能走进基层员工的心，走进读者的心。雪域高原的"开拓者"、无人区里的"修隧人"、破解世界难题的"科技先锋"、海上"绣花"的"掌舵人"……这个春节，《中国铁道建筑报》记者、通讯员用脚步

1 2
3 4

1. 春节前夕，中铁二十五局坦桑尼亚项目"小候鸟"协助建设者装点援坦地质公园项目驻地

2. 春节期间，中国铁建港航局申能海南CZ2海上风电示范项目进行最后一台风机安装

3. 春节期间，中铁十九局川青铁路建设者爬上海拔4000米的雪山进行导线测量

4. 春节期间，广湛高铁新建佛山站项目施工不停，项目部联合当地举行了具有佛山特色的春节暖心活动，为一线建设者带来舞狮、粤剧等非物质文化遗产盛宴。图为2025年1月15日，新建佛山站项目工友体验"写挥春"

丈量、用真情聆听、用镜头聚焦，浓墨重彩地为广大读者展现了一线建设者的生动故事和感人瞬间。

二、以"眼力"洞察事件，光影记录，奏响实干旋律

新闻工作者要练就"火眼金睛"，善于用敏锐的眼光，从一线寻找选题、捕捉亮点，才能采写出"沾泥土""带露珠""冒热气"的新闻。大年初二晚上，中铁十一局甬舟铁路项目建设者在下班后迎来了新年的第一场烟花，身后的金塘海底隧道成为完美的背景，这一刻被我们的通讯员用相机捕捉下来。在水下50米深处，"定海号"盾构机开足马力，钻出了新年新气象，通讯员和现场40余名技术人员共同见证了目前这座世界最长的海底高铁隧道，掘进成功突破2000米大关，实现新年"开门红"，通讯员以《春节，我在海底建隧道》为题发表了热情洋溢的融媒体作品。

2月5日，经过14天的连续奋战，中铁建设新建广湛高铁佛山站项目15848平方米的模板架设、1370吨钢筋绑扎和2200立方米混凝土浇筑任务圆满完成。通讯员敏锐地想到将现代化智慧建设与佛山的咏春、舞狮、粤剧等"非遗"文化相融合，响应首个"非遗"版春节，制作了《承古开新途》短视频，让这座文化古城再启新途。该短视频春节期间登上各大媒体平台，播放量持续创新高。

练慧眼，善发现，用不同的视角，才能创作出更加喜闻乐见的融媒报道。记者、通讯员用"眼力"发掘施工生产中的新特点、新趋势、新动向，从个别中发现一般，从平凡中折射伟大，凭借着敏锐的新闻嗅觉，将一个个振奋人心的作品在这个新春佳节送进千家万户。

三、以"脑力"深入思考，聚焦重大工程，定格奋斗时刻

优秀的新闻作品一定是经过"脑力"精心加工，从而采写出有思想、有温度、有品质的精品佳作。2月11日，通讯员与中国铁建港航局申能海南CZ2海上风电示范项目1000余名参建人员一同见证了最后一台风机成功安装。在海上报道不同于陆地，通讯员

克服海风大、无人机无法起飞、紫外线强烈、甲板距海面高度大等多重挑战，并通过文字和图片重点探寻了这些"海上驭风者"常年日夜坚守、与风浪对抗背后的动人故事。

新春的广州南沙暖如阳春，在木棉盛开的季节，记者探访了中铁十七局南沙芯新产业园三期项目，该项目承载着国家"芯"力量的重大战略使命。新年伊始，记者一早来到创新工作室，这里的讨论声此起彼伏，6名技术骨干正以全面统筹上场策划为支点，持续撬动项目创新发展空间……记者详细了解建设者的工作细节，用笔和镜头记录下思想交锋的精彩瞬间。在湾区之"芯"过大年，让记者和建设者彼此间的心更近了。

勤动脑，善思考，观察总结深刻体悟，才能破旧立新促转变。《中国铁道建筑报》记者、通讯员胸怀大局，用"脑力"去粗取精、多思善谋，用新鲜热乎的文字和照片送来最前沿的报道，这恰恰是重大工程建设报道的应有之义。

四、以"笔力"呈现作品，坚守纪实，践行使命担当

"铁肩担道义，妙笔著文章"是新闻工作者肩负的伟大使命，铁建故事、铁建精神要靠"笔力"来呈现、引导传播。蛇年第一天，《中国铁道建筑报》通讯员跟随中铁二十一局乌海项目建设者在接近零下30摄氏度的极寒中开启新年模式。冬日的内蒙古，乌兰布和沙漠寂寥无人，坐落沙漠深处的项目部仿佛一片孤独守望的胡杨，只有项目部门口高高挂起的大红灯笼渲染出一些年味，通讯员把脚力的勤快深入、眼力的广大精微、"脑力"的深思熟虑都诉诸笔端，深入刻画在这片大漠之上，铁建人将青春抛洒在铁轨上，誓要铺就戈壁"天路"的奉献精神。

除夕当天，在中铁十五局齐齐哈尔风电项目的施工现场，室外温度达到了零下20摄氏度，积雪深厚，寒风刺骨。建设者每天坚持驱车75公里查看沿线的铁塔和电缆，在雪中艰难前行，这寻常却不平凡的工作掠影被同行的通讯员如实地记录了下来，通讯员撰写的铁建人守护电力输送"生命线"的报道内容充实、语言朴实，既有思想深度，又有情感厚度，得到了《中国铁道建筑报》广大读者的好评。

除夕当天，中铁十五局新能源公司齐齐哈尔二期200兆瓦风电项目工程部技术人员驱车75公里巡查线路，在零下20摄氏度的严寒中攀爬铁塔调试设备

热血融冰霜、初心护万家。在这个春节，《中国铁道建筑报》记者、通讯员向下扎根，聚焦基层人物，通过报、网、端、微、屏协同发力，将千千万万冒着烟火气、默默坚守在各自岗位上的铁建人从幕后推到台前，全媒体呈现普通员工的生活、榜样力量。

常用笔，写精髓，唱响改革发展主旋律，才能引起读者的共鸣。在乙巳蛇年的春天里，《中国铁道建筑报》记者、通讯员一路走来，收获了无数感人瞬间。新的征程里，中国铁建融媒体矩阵将不断提升"脚力、眼力、脑力、笔力"，认真肩负起作为党的政策主张的传播者、时代风云的记录者、社会进步的推动者、企业发展的倡导者的使命担当，以优秀的新闻作品鼓舞和激励全体员工砥砺奋进、不断向前，谱写中国铁建改革发展的新篇章。

4000米的跨度，让新闻更有温度与深度
——做全国性行业媒体在"四力"上的践行者

....

中国有色金属报社副社长

定律

....

　　在新闻领域，"四力"建设即对"脚力、眼力、脑力、笔力"的培养和实践，是提升新闻报道质量与影响力的重要理念。《中国有色金属报》深入学习贯彻习近平文化思想，积极践行这一理念，收获颇丰。

　　"脚力"，是新闻报道的基础，是新闻工作者的基本功。所谓"脚底板要有泥"，记者要写出有温度的文章，就必须"走出去、走下去、走进去"，获取第一手的资料。当记者深入有色金属行业的矿山深处、冶炼车间、科研一线等基层场景时，才能目睹矿工们在黑暗巷道中辛勤采掘的身影，感受到高温炉旁工人的坚守，了解到科研人员为突破技术瓶颈而日夜钻研的执着。这些鲜活的素材，是坐在办公室里无法想象的。

　　例如，在走访高海拔地区的有色金属矿山时，《中国有色金属报》记者上到平均海拔超过3600米的矿山，克服严重的高原反应带来的不适，报道了矿工们为保障国家资源供应而艰苦劳作的动人故事。他们在艰苦环境里作业，简陋的居住条件、对安全的高度重视以及对家庭的思念等细节，让报道充满感染力，也让外界对这一行业基层群体有了更真实的了解。《中国有色金属报》记者撰写的《跨越生命的禁区——记青

海鸿鑫矿业有限公司"牛苦头"精神》等稿件取得了良好的社会反响。又如，记者还经常到地下矿山进行采访，与矿工们同吃同住，一同乘坐井下罐笼，下到地下近千米的深处，来到掌子面进行实地采访。《千米井下的坚守着》等文章和视频的推出，让更多人了解现代绿色矿山千米井下的景象，大型掘进机和5G矿车的使用、矿洞食堂的喷香饭菜、巷道深处干净整洁的党员活动室……科技的不断创新，矿工不断改善的作业环境，矿洞日益现代化的生产装备，无不令人振奋。上到海拔3000多米，下到地下1000多米，这4000米的跨度就是用脚力丈量有色金属行业的深度，是深入基层所展现的力量。

"眼力"，要求我们坚持内容导向，立足有色金属行业，紧密围绕行业热点、焦点，努力发掘企业亮点，为读者提供有深度、有价值的信息。如对行业共性问题的分析、倡议、解读，独家创作《电解铝这五年》《总书记的指示，我们落实了！》等行业关心、社会关注的文章。还有对行业企业的深度挖掘，发现行业好故事。

如对中铝集团、西部矿业集团、金川集团等有鲜明特色的行业企业的报道，推出了"'一带一路'的中铝故事""辉煌十年有色志"等系列报道。其中，"'一带一路'的中铝故事"系列报道让外籍员工评说中央企业成就，展示"他者"视角下的中国故事，巧妙宣传介绍中国主张、中国智慧、中国方案，通过"他者"叙事为受众提供新的思路。其中《几内亚贝贝：梦圆中铝》一文，由获得几内亚政府奖学金赴中国留学并取得博士学位的中铝几内亚籍员工贝贝讲述他和中国、中铝的故事。"我去过中国，我知道中国人有多努力，中国发展有多快。"贝贝的讲述融合了2008年北京奥运会等中国符号以及中国智慧，展示了中铝几内亚"建设一个项目、促进一方发展"的理念。贝贝劝当地人珍惜机会，多向中国人学习，把自己的国家发展起来。在他的带动下，越来越多几内亚年轻人到孔子学院学汉语，在中国企业找到工作，共享"一带一路"新机遇，成为"一带一路"建设者、推动者、贡献者。这些独特的视角，增强了报纸的实用性和可读性。

"脑力"，是新闻工作的核心，要求新闻工作者具备政治判断力和创新思维。新闻工作者的"脑力"建设需以政治判断力为根基、创新思维为突破，二者协同推动新闻内容兼具思想深度与传播活力，从而更好地履行新时代舆论引导使命。深入基层不是走过场，而是要真正与采访对象打成一片。记者不能只是为了完成任务而匆匆采访，而是要以真诚的态度去倾听、去交流。

在报道有色金属企业的环保转型时，记者与企业管理者、一线员工共同探讨节能减排的难点与成效，在这个过程中建立信任，挖掘出企业在环保投入背后的故事。从最初的犹豫观望到后来的积极主动，这些真实的转变历程通过扎实的采访得以呈现，让报道更具说服力。春节前，《中国有色金属报》记者跟随中国有色金属工业协会赤泥利用推进办相关负责人来到中铝山东有限公司（以下简称中铝山东）赤泥加工车间。记者踩在改性固化赤泥路用材料技术用赤泥作路底基上，生动报道了我国推进赤泥大规模绿色利用的技术进步，为全面建成美丽中国作出应有的贡献。

当前，国际形势复杂多变，国际贸易摩擦愈演愈烈。在这关键时刻，国家决定对钨、碲、铋、钼、铟相关物项实施出口管制。《中国有色金属报》迅速反应，以高度的政治自觉和强烈的责任担当，配合中国有色金属工业协会积极发声。策划组织了两个版面的报道，从消息、综述到评论，表明立场，全方位解读该事项的重要性，提升了我国有色金属工业的影响力，维护了自身安全和共同安全，为唱响中国经济光明论添砖加瓦。

"笔力"，作为新闻工作者"四力"的重要维度，强调以精准、生动、创新的表达方式传递思想。"笔力"被定义为内容呈现与传播效果的关键能力，新闻工作者要适应全媒体平台，需要贴近群众语言并传递政策精神，使新闻报道通俗易懂且生动。这就要求行业新闻工作者摒弃浮躁与功利，沉下心来，笔耕不辍。有色金属行业专业性较强，在报道中不能一味堆砌专业术语。

例如，在报道新型有色金属材料的研发成果时，用形象的比喻来解释材料的性能和应用前景，将复杂的技术原理转化为大众能理解的表述，如"这种新型合金如同钢铁侠的战甲材料，兼具强度与韧性，在航空航天领域将大显身手"的表述，使普通读者也能对行业动态产生兴趣，而对于专业人士又不失深度与准确性。在文字表达上，

1 2
3 4

1.《中国有色金属报》记者团在海拔4500米的西藏玉龙铜矿采访
2.《中国有色金属报》记者在云南金鼎锌矿采访
3.《中国有色金属报》对电解铝供给侧结构性改革的深度报道
4.《中国有色金属报》对钨等五项实施出口管制的报道

我们力求准确、简洁、生动，避免使用过于专业、晦涩的术语，使报道更通俗易懂，让行业外的读者也能理解和关注有色金属行业的发展。

我们的采编团队不仅记录现象，更注重挖掘其背后的经济与社会价值。例如，氧化铝厂通过设备改造实现年节约成本超过50万元的案例，反映了传统企业以技术创新驱动绿色转型的路径；对河南豫光金铅股份有限公司玉川冶炼厂厂区"别样青绿"的报道，揭示了企业绿色发展对区域生态与经济平衡的深远影响。

我们还丰富报道的形式，建立全媒体矩阵，让报纸、网站、新媒体等平台深度融合。利用新媒体平台，如微信公众号、视频号等，以更加便捷、直观的方式展示行业动态，通过短视频、图片、文字等多种形式结合，解读行业热点事件，满足不同读者的阅读需求。我们联合"走出去"企业推出的"米拉多铜矿春节联欢晚会"等视频，受到了海内外有色人的热烈欢迎。

通过"四力"建设，《中国有色金属报》提升了自身的品牌形象与公信力，也为行业发展营造了良好的舆论氛围。未来，我们将继续坚定不移地践行"四力"，让新闻报道在深入基层中不断焕发出新的活力与魅力，为有色金属行业的发展乃至整个社会的进步贡献更大的新闻力量。

下一步，《中国有色金属报》将更加贴近受众，进一步了解不同层次读者的需求和兴趣点，根据受众反馈调整报道内容和文风，使报道更贴近大众，吸引更多非专业读者关注。从融合多元元素、强化深度报道、鼓励创新实践等方面，借鉴其他优秀媒体的经验和做法，融合更多文化、历史、科技等多元元素，拓宽报道视野，丰富报道内涵，提供更具思想性和前瞻性的报道，展现文风的深度和厚度。为践行"四力"注入新活力，推动"四力"建设不断迈上新台阶。

02 ┊ 深度
洞察篇

践行"四力"讲述国网好故事
生动绘就能源转型新图景

....

英大传媒投资集团有限公司董事长、党委书记
孙盛鹏
....

走基层活动是新闻战线贯彻落实习近平文化思想的有力举措,是检验媒体深度融合成效的生动实践。国家电网公司党组高度重视宣传思想文化工作,持续加强正面宣传,营造团结奋进的主流舆论。新时代以来,能源绿色低碳转型不断发力,新型电力系统建设全面推进,成为讲述能源电力行业赋能中国式现代化故事的沃土。英大传媒集团坚持把"走转改"作为践行"四力"的核心抓手,积极策划全媒体走基层报道,组织记者通讯员深入电网建设、电力保供、能源绿色转型、乡村振兴和抢险救灾一线,用镜头记录新时代,用心感受新风貌,用情采写新故事,锤炼"脚踏实地"的脚力、"火眼金睛"的眼力、"勤学善思"的"脑力"、"才思俊逸"的"笔力",讲述有高度、有温度、有深度的国网故事。

一、以质求实 打造精品力作

英大传媒集团坚持策划先行,站稳人民立场,坚持真走、实走,让走基层有新意、有热度、有力度,走出国家电网公司完整准确全面贯彻落实新发展理念的责任担

当，走出"人民电业为人民"的精神风貌。

突出"准"，高站位强策划。把习近平总书记重要讲话和重要指示批示精神作为新闻策划的出发点和落脚点，深刻把握习近平总书记关于能源电力高质量发展的重要论述精神，强化行业新闻与大局大势的链接。策划推出"沿着总书记的足迹""'四个革命 一个合作'能源安全新战略国网实践""奋力谱写西部大开发电力新篇章""高质量发展调研行"等主题报道，诠释国家电网公司加快构建新型电力系统、服务新能源高质量发展等方面的工作成效。《亮报》记者沿着总书记的足迹奔赴西藏嘎拉村采访当地用电情况变化，精心撰写的《嘎拉村的幸福生活》获第33届中国新闻奖。

突出"快"，冲上前抓现场。在青海玉树地震、河南郑州"7·20"特大暴雨、台风"杜苏芮"、洞庭湖一线堤防决口、辽宁葫芦岛暴雨等突发事件中，英大传媒集团坚持第一时间响应、第一速度发布，统筹协调全媒体记者与国家电网公司新闻战线广大通讯员协同作战，形成全平台协同运转、全媒体全天候发布的报道格局。《国家电网直升机紧急救援》《洞庭湖大堤决口合龙现场，国家电网升起8个"小月亮"》等融媒体产品刷屏热传，赢得共情与共鸣。纪录片《时刻准备》集中展示电网应急抢险保供电的全年奋战历程，在中国教育电视台、人民视频、央视频、爱奇艺等台网联播，收获了良好的口碑与可观的流量。

突出"深"，蹲下身讲故事。在西藏阿里与藏中电网联网工程建设期间，派出8批次15名记者，轮流驻扎雪域高原施工现场，与电网建设者同吃同住，克服高寒缺氧等困难，累计在高原拍摄200多天，行程2万多公里，拍摄4K高清影像素材450小时，制作5集总时长150分钟的纪录片《点亮阿里》，音像出版物获"中华优秀出版物"奖。深入边远艰苦地区蹲点采访，推出《冰山上的守望者》《戈壁滩上点灯人》《探访甘肃海拔最高的供电所》等报道，把真实感人的故事与改革发展的成果有血有肉地展示出来。深入崇山峻岭中的抽水蓄能电站、戈壁荒漠中的风光发电基地，拍摄制作纪录片《绿电越千里》《蓄能山水间》，充分展现国家电网公司推动绿色低碳转型的实践与探索。

1 2
3 4

1. 2025年1月16日，英大传媒集团影视中心记者在四川大凉山拍摄建月线地线除冰工作
2. 《戈壁滩上点灯人》记录了电网青年员工坚守在平均海拔3000米、行政面积近5万平方千米的茫崖市，服务当地从"用上电"到"用好电"的感人故事
3. 纪录片《绿电越千里》在央视中文国际频道（CCTV-4）《走遍中国》栏目播出
4. 英大传媒集团记者在巴西米纳斯吉拉斯州采访拍摄CEMIG155兆瓦光伏项目

突出"**活**"，**转语态走出海**。以"增强国际传播的亲和力和实效性"为原则，在故事上下功夫、在细节处做文章，通过唤起情感共鸣的方式传递人类命运共同体理念。精心选取三个故事制作而成的外宣纪录片《点亮阿里——一名工程师的日记》获评中宣部、广电总局2023年"视听中国　全球播映"优秀作品，获第45届美国泰利奖。电网应急抢险保供电题材纪录片《无惧冰火》入选第二届"新时代　新影像"中外联合创作计划。组建国际传播团队，派出两组融媒体记者共12人赴南美和中东，16天行程8万公里，拍摄制作《苦尽甘来时　中巴情愈浓》等系列短视频和《"一带一路"电网人》纪录片，影像化记录了国家电网公司在巴西、埃及、沙特阿拉伯等国家参与共建"一带一路"的感人故事和情怀担当。《亮报》在海外社交媒体推出《大别山里的"零碳乡村"》《"众愁"变"众筹"渔村换模样》等作品，通过增加美图、转换表达方式、简化文字等更加符合国际传播规律的方式，向海外展现国家电网公司的责任央企形象。

二、向新求变　扩大传播声量

英大传媒集团始终保持优质内容建设的定力，把走基层作为检验全媒体传播体系建设成效的"试金石"，打出一套"组合拳"推动走基层活动走深走实，进一步提升新闻舆论传播力、影响力、引导力、公信力。

聚资源，打造品牌媒体活动。在近三年"走基层"活动中，英大传媒集团将中央媒体的宣传资源和国家电网公司系统基层单位的选题资源有效结合，连续策划开展不同主题的联合采访活动。结合京津冀协同发展十周年，策划组织媒体走进雄安新区和北京通州副中心，呈现国家电网公司服务北京"新两翼"的创新实践；结合长三角区域规划15周年，策划组织"激发新动能　潮涌长三角"新春走基层联合主题采访活动；结合首个全国生态日，策划组织"推动能源转型　建设美丽中国"中央媒体走进新型电力系统一线活动，全景式呈现国家电网公司加快构建新型电力系统的生动实践。共有超过30家中央和行业媒体发布相关稿件300余篇，构建了"主流媒体+行业媒体"的报道矩阵，生动讲述"人民电业为人民"的国网故事。

1. 《国家电网报》"沿着总书记的足迹"专栏
2. 《国家电网》聚焦迎峰度夏电力保供和防汛工作
   推出封面策划闻"汛"而动
3. 《亮报》科普专栏

促转型，技术赋能融媒发展。 英大传媒集团高度重视创新创意，强调技术赋能，着力小屏转换，以互联网思维推动创新创意，以轻量化表达为抓手，努力增强报道的传播力、吸引力、感染力，推动优秀作品"破圈"传播。主动运用人工智能等新技术生产制作优质原创内容，完成多部电网AI视频创作。推出数字报数字刊，建设媒资素材库，获评"王选新闻科学技术奖"创新实践案例。

转作风，淬炼队伍锤炼能力。 在冰雪封山的大凉山腹地，记者与电网员工一起摸爬滚打；在中国"冷极"内蒙古根河，记者追随巡线员工的脚步没进雪地；在辽宁葫芦岛尚未抢通道路的现场，记者蹚过泥浆与抢险队员同出同进；在遭遇极端高温干旱的成都，记者在50摄氏度潮湿闷热的电缆沟里和电网员工一起巡检……与一线员工同吃同住同劳动，和他们交流交心交感情，写出更多"短实新"的生动报道。同时，注重提升深度报道能力和社会化表达能力，推出《寻找安全、保供和消纳的"最优解"》《浙江：今冬负荷或首次破亿，电力保供怎么保？》等新闻调查，着力打造《亮报》"文化""科普"等特色品牌栏目。

三、变革求进　增强发展动力

党的二十届三中全会对深化文化体制机制改革作出全面部署，提出"推进主流媒体系统性变革"的新部署新要求。英大传媒集团将持续深化走基层长效机制，推动走基层活动走得更深、走向更广、走出实效，更有力地讲述国网好故事。

重大选题联动策划。 对内与国家电网公司各单位、能源电力系统强化选题策划联动，对外与中国记协、中国行业报协会、中央和行业等主流媒体广泛对接，开展合作，在国家电网公司系统设立走基层实践基地，将资源优势、内容优势、传播优势有效结合，提升社会影响力。

优质内容协同生产。 聚焦习近平总书记关于能源电力、科技创新、进一步全面深化改革等方面的重要论述，聚焦国家电网公司服务党和国家大局的生动实践，建立精品选题库，讲好行业故事。通过主题报道、影视创作、图书版权合作、品牌展览活动等

1. 媒体记者在江苏南京220千伏善南—南牵线电缆隧道顶管工作井采访南京供电公司巡检人员
2. 英大传媒集团记者郭儒、徐天萌在暴雪中采访拍摄1000千伏阿坝特高压变电站建设人员

多种形式，构建"新闻+出版+品牌"协同生产矩阵，深化内容创新力。

平台互通数智赋能。坚持"一盘棋"运作，报、网、端、微一起发力，文、图、音、视百花齐放，"国家电网全媒体传播平台"入选第三届中国报业深度融合发展创新案例。打造国家电网媒体大数据中心，实现国家电网公司系统各单位新闻资源的统一归档、自动分类、智能标引、多维检索。研发英大传媒垂直大模型，上线人工智能创作平台，对接采编等内容生产平台，发展新质生产力。

加快培育创新人才。加大全媒体人才队伍培养力度，开展"名记者、名编辑"培育工程，开设"传媒大讲堂"，用好"好记者讲好故事"等活动载体，打造复合型人才队伍。加强传媒智库建设，搭建高水平学术交流平台，以智库"软服务"强化发展"硬支撑"，激发人才驱动力。

守正创新 变革赋能
为加快建设教育强国贡献媒体力量
——中国教育报刊社践行"四力"的实践与思考

中国教育报刊社党委书记、社长
范绪锋

到2035年建成教育强国是党中央作出的重大决策,为教育强国建设提供思想舆论支撑是教育主流媒体的职责使命。中国教育报刊社紧紧围绕教育强国建设的中心任务,适应舆论生态新趋势新变化,以提升"脚力、眼力、脑力、笔力"为抓手,着力建设全媒体生产传播体系,进一步强化方向性引领、专业化服务、数智化转型,在塑造教育强国建设舆论新格局中发挥优势、贡献力量。

一、把握教育政治属性、人民属性、战略属性,在坚持方向性引领上扛好旗、打头阵

习近平总书记在2024年全国教育大会上的重要讲话,凸显了教育的政治属性、人民属性、战略属性,把对中国特色社会主义教育的本质属性的认识提升到新的高度。教育"三大属性"是教育强国建设的"原点"和"靶心",也是教育新闻宣传工作必须坚守原则和方向。教育的政治属性要求坚持"党媒姓党"，从政治上看教育，始终坚持正确办学方向、育人导向，宣传阐释好中国特色社会主义教育道路、理论、制度。教育的人民属性要求站稳人民立场，聚焦以人民为中心发展教育，全面展示教育成果更多更公平惠及广大人民群众的生动实践。教育的战略属性要求着眼服务中国式现代化战略全局，更加突出教育的先导性、基础性支撑作用，从教育科技人才一体推进的大战略上办教育，用新视角、新话语讲好新时代教育故事。作为教育主流媒体，中国教育报刊社坚持正确的政治方向、舆论导向、价值取向，以"四力"为实践路径，把全面把握教育"三大属性"落实到政治家办报办刊办网办新媒体全过程各环节，在方向性引领中彰显定位、体现担当。

抓好"头条工程"，第一时间传递党中央精神要求。坚持把习近平新时代中国特色社会主义思想宣传阐释作为重中之重，及时准确全面做好习近平总书记时政报道。紧扣重要时间节点，精心策划专栏专题，创新报道内容形式，推出"教育强国建设一年间·沿着总书记指引的方向砥砺前行"专栏和主题特刊，策划推出"春风习习""总书记关心的教育事"专栏、"足迹·总书记来过我学校""嘱托·总书记回信精神激励我"等大型融媒体报道，以总书记重要活动、重要讲话及考察学校、致信回信等为切入点，展现教育战线在党的创新理论指引下的生动实践，彰显人民领袖心系教育、关爱师生的深厚情怀。依托"两报四刊"，组建理论名家作者群，以社评、专栏、封面主题等方式推出重磅理论文章，进一步推动对党的创新理论的学理化体系化阐释。

做亮主题宣传，唱响"国之大者"主旋律。始终牢记媒体责任，围绕推进教育强国建设的关键命题，以多样化、立体化的内容产品形态，有步骤有计划做亮做强重大主题宣传。学习宣传贯彻全国教育大会《精神和教育强国建设规划纲要（2024—2035年）》，迅速推出"征途2035——总书记指引我们建设教育强国"重大主题宣传，打造"一线看落实""教育强国建设调研行"等系列报道和"司局长笔谈""厅局长访谈"专栏；推出38期"解码《纲要》"融媒体报道，刊播114条短视频。整个主题宣传共推出百个专版、百篇研究阐释文章、百条新媒体视频，点线面结合，浓墨重彩、有声有色，得到师生读者认可。

强化主动发声，打造"评论集群"，积极引导舆论。以"战略预制"加"全网传播"的工作思路和方法，以融媒快评、教育时评、系列评论、本报评论员文章四大集群，形成多层次的栏目矩阵，深度解读教育走向，引导社会热点。一手是打造"国育平"等重磅品牌，形成"教育时评"拳头产品，以厚重政论彰显教育主流媒体的思想高度。2024年推出评论200余篇，重磅评论《汇聚建设教育强国的磅礴力量》全网传播展现量超1亿次，实现"破圈"传播。另一手用好评论"轻骑兵"，以融媒快评、短视频评论等轻量化形态快速响应热点，实现"重器定方向、轻骑扩影响"的立体传播生态。2024年全国两会推出评论员快评104篇，2025年两会期间以文字评论、"数字人"评论和创意有声海报等形式发布评论员快评160篇，作品登上全国党媒两会融合精品展播平台。针对热点话题刊发《学习不妨多一点松弛感》等"强网感"作品，被《人民日报》及各媒体平台转发。

二、聚焦教育强国建设现场，在深耕专业化服务上强担当、善作为

在推进媒体系统性变革与教育强国建设同频共振的进程中，中国教育报刊社以增强"四力"为行动指引，扎根教育改革发展的火热实践，在精耕细作中提升专业化服务能力和水平。

以一线视角书写教育奋进篇章。新时代教育事业的历史性成就，蕴藏在无数微观现场中，教育主流媒体要成为这些历史瞬间和进程的"传声筒""扩音器"。2025年"新春走基层"活动中，我们将"走进建设教育强国的火热现场"作为报道主题，以小切口、巧角度反映教育战线的新气象、新变化。从云南边境的国门小学，到陕北田间的温室大棚，记者足迹遍布大江南北，躬身倾听、用心描摹教育强国建设的新故事。

以敏锐洞察力挖掘教育重大典型。组建重大典型报道"尖刀排"，完善重大典型选题策划机制，锻炼采编队伍的新闻业务能力和教育专业判断力。瞄准教育强国建设

工作重点，发掘推广基层首创经验，向基层找力量、向实践找答案，开设"教改先锋""教育脊梁"等重大典型报道栏目，推出中国农大"科技小院"、天津职教"鲁班工坊"、教育服务粤港澳大湾区建设等系列典型报道，推出陈立群、张桂梅、程风、仲广群等一批典型人物，受访对象被中宣部授予"时代楷模"称号。

以专业积淀服务教育决策治理。发挥行业媒体优势，紧密围绕教育部中心工作和教育战线迫切需求，构建"理论平台+数据监测+媒体调研"全方位、立体化服务体系。依托《中国教育报》《人民教育》《中国高等教育》《神州学人》《中国民族教育》《中国教师报》等权威报刊的理论平台优势，通过理论专栏、学术论文以及内参报告等多种形式，持续输出高质量研究成果。利用积累多年的教育行业媒体大数据，汇聚、整合和深度加工优质智库产品，为教育部相关司局量身定制专题智库报告，向地方和学校提供资讯和数据服务。用好媒体视角和优势，将深入基层采访与实地调研相结合，聚焦国家教育数字化战略行动等教育部重点工作开展滚动式调研，形成3批、数十万字的调研报告，为教育决策治理当好参谋。

以共情视角解码群众关心关切。秉持"改文风、抵人心"的理念，持续创新语态，贴近受众。倡导讲故事，开设"在一线""暖心闻"等栏目，将教育强国的宏观战略转化为可读、可感、可触的故事，2024年刊发来自基层一线的鲜活报道110余篇。倡导育新风，推出"跟着课本读中国"融媒体报道，以纪行方式成文、记者出镜讲述，图文视频并茂展现，打造走进现场、立德树人的"媒体思政课"。倡导说新话，鼓励记者抢抓现场新闻。全国两会报道《"我想提一个问题"》聚焦中小学生睡眠问题，获全国政协好新闻一等奖。2025年全国两会期间，《见证："免费学前教育"定了！》《经济大省，也要挑教育大梁》等报道，用家常话、鲜活话解析教育政策和热点；"国育平"评论《建设教育强国的底气是什么》登顶党媒平台实时热榜，中国记协简报点评"通过话语创新、写法创新和传播创新，把长篇评论写得好看、入脑"。

三、拥抱技术革命时代浪潮，在推进数智化转型上谋新路、增动能

党的二十届三中全会提出主流媒体系统性变革新要求，意味着践行"四力"必须顺应科技革命趋势，以数智技术赋能主力军挺进主战场。中国教育报刊社深入贯彻落实党中央关于推进媒体深度融合发展的部署要求，正积极谋划推进数智化生态重构，努力以数智技术赋能系统性变革，提升内容生产力、网络传播力、专业服务力、品牌影响力。

以流程变革提升全媒体生产一体化效能。"中央编辑部"一体化运转，"中教智融云平台"一体化生产，"中央稿库"一体化分发，报、刊、网、端、微各媒体平台相互借力、相互赋能，实现新闻报道"一次采集、多次生成，一体分发、多元呈现"。这些探索为我们向着主流媒体系统性变革迈进打下了坚实基础。当前，紧扣教育强国宣传要求，中国教育报刊社正在探索以互联网思维主导资源配置，全方位推进管理流程、运营模式、话语体系、媒体形态、平台技术等变革，实现新闻产品全媒体生产、全形态呈现、全渠道传播、全平台评价、全链条反馈。

以内容变革推动融媒精品共生相长。本着"点线面体"协同推进策略，鼓励支持社属各媒体、各项目团队在采编报道中加大对新技术的研究吸收和创新实践。引入数据抓取分析、智能剪辑、图片自动生成等成熟应用，为内容生产赋能，推出数据新闻、数据报告、短视频新闻、主题榜单等新型内容产品。针对移动社交平台的传播需求，积极探索使用AI语音、虚拟数字人等智能化呈现形式。2025年全国两会期间，利用AI生成视频《100秒，沉浸式领略2025美好教育图景》，解读政府工作报告中的教育内容，整体播放量近1000万；借助数智技术，策划推出"教育小新看两会·爱问AI答""两会弹幕说教育""两会漫话"等一系列新媒体产品，内容与技术之间实现了"1+1>2"的融合效果。

以传播变革推动主流声音破圈共振。统筹发展自有平台和利用第三方平台，采取"全渠道+差异化"的传播推广策略，重塑高效的全媒体传播链。一批优秀作品

实现破圈传播，如2023年教师节特别策划《张桂梅给青年教师的一封信》，被人民日报、央视等多家媒体转载，多个话题登上热搜，总流览量破2亿。目前，中国教育报刊社已发展成为拥有报、刊、网、端、微、屏等多种载体，综合覆盖用户超1.5亿的教育全媒体矩阵，2024年总阅读量53亿，10万+报道1.8万余篇。下一步，中国教育报刊社将努力打造基于移动互联网的新用户生态，从第三方平台的"流量借力"到自有平台的"生态构建"，以双轮驱动重塑教育主流媒体传播体系。

新闻永远在现场，媒体践行"四力"永远在路上。中国教育报刊社将永葆"为教育而鼓、为教师而歌"的初心使命，守政治方向之正，创文风转变之新，强内容生产之力，聚全媒体传播之势，以正能量澎湃大流量，为壮大新时代主流思想舆论贡献教育行业媒体力量。

以随警作战破题解题　书写增强"四力"优异答卷

公安部新闻传媒中心主任、总编辑

周学胜

"不断增强脚力、眼力、脑力、笔力，努力打造一支政治过硬、本领高强、求实创新、能打胜仗的宣传思想工作队伍"，是习近平总书记对宣传思想战线提出的明确要求。公安部新闻传媒中心牢记总书记的殷殷嘱托，立足公安工作实际，结合采编队伍自身状况，成功探索出了以随警作战破题解题、书写增强"四力"优异答卷的路子。所谓"随警作战"，就是要求公安新闻传媒记者走进基层，把镜头和笔触对准基层一线民警，与他们同吃同住同战斗，从中挖掘先进经验、典型人物和感人故事，用心用情用力讲好警察故事、发好公安声音，为高水平推进公安工作现代化提供有力舆论支持和强大精神力量。公安部新闻传媒中心成立一年多来，相关探索已取得积极成果，积累了比较成形的实践经验。

一、深刻领悟，凝聚共识，锁定破题之策

习近平总书记提出的"四力"要求，涵盖从选题策划到开展采访、从作品形成到能力提升等新闻宣传各方面全过程，要求新闻宣传工作者认真践行群众路线，自觉

深入基层、深入生活、深入群众，在实践磨炼中转作风、改文风，收获成长和进步。"事必有法，然后可成"，我们研究认为，随警作战是公安新闻传媒人适应公安工作和公安队伍特点践行"四力"的必然选择，深入基层、深入一线，贴近民警、贴近实战，推出沾泥土、带露珠、冒热气的新闻报道，采制有思想、有温度、有品质的宣传作品，应成为每个人的必修课。公安机关是人民民主专政的重要工具，是具有武装性质的国家治安行政和刑事司法力量。公安工作点多、线长、面广，广大公安民警、辅警战斗在治安、刑侦、经侦、交管、禁毒、移民管理等不同岗位，有的穿梭在繁华的都市，有的坚守在人烟稀少的边境，有的巡逻在港站枢纽和道路沿线。公安队伍是和平年代牺牲最多、奉献最大的队伍，几乎时时在流血、天天有牺牲。作为公安新闻传媒记者，必须俯下身、沉下心，坚持铁脚板走、宽肩膀扛，感知广大民警辅警的酸甜苦辣，挖掘他们的感人事迹，讴歌他们的奉献精神，反映他们的真实心声。我们强调随警作战，就是要增强记者深入基层一线调研采访的能力，使其融入警营警队，实现共情共鸣；就是要求记者自觉跳出"舒适圈"，改变一定程度上存在的基层采访不深入、不扎实甚至是走过场的做法；就是要改变以往有的记者掌握第一手资料偏少、习惯当"二传手"的做法。理论和实践均表明，以随警作战作为践行"四力"的切入点和着力点，走对了方向，击中了痛点，是十分正确的选择。

二、深度研判，挖掘优势，谋划解题之道

公安部新闻传媒中心拥有覆盖各地、各相关警种的37个记者站，据此建立起上下贯通、条线直达的扁平化融媒体作战体系，可为随警作战提供有效的工作平台。中心业已形成2报6刊2网32个新媒体账号平台组成的新闻传播矩阵，且《人民公安报》常态化推出"时讯""暖新闻"和"党旗在基层一线高高飘扬"等专版专栏，有足够的容量承载随警作战采写的各类作品。中心记者有贴近实战的良好传统，每逢重大、紧急或突发事件，总是迅速赶赴一线采访报道。例如，2023年7月洪水来袭，河北、北京、天津和铁路记者站记者闻"汛"而动，冒雨采访公安民警救援被困群众、排查堤

坝险情、维护社会秩序等行动中，第一时间发出独家优质报道。又如，在2024年"新春走基层"活动中，中心两名记者来到气温低至零下20摄氏度的河北省尚义县小蒜沟镇，蹲点3天采访守护能源大动脉的铁路民警，与他们一起吃泡面、蹚雪道、进农家，采写制作爆款融媒体作品《小蒜沟三日》，后获邀在2024年行业媒体发展年会上分享经验和体会。再如，在深入实施公安机关新质战斗力提升工程、高水平推进公安工作现代化的火热战场，在打击缅北涉我电诈犯罪、押解红通犯罪嫌疑人回国的第一现场，都有中心记者的身影。经综合分析研判，我们认清了自身优势，坚定了工作信心，进而优化布局、科学调度，畅通发稿渠道，强化引导激励，形成了全要素动员、全链条保障、全方位支持的态势，务求写好随警作战这篇大文章。

三、深耕细作，唯实唯勤，奋力书写答卷

坚持策划在先，强化精品意识，一切从实战出发，一路探索推进，力求每一次随警作战行动都出色出彩。一是**在专题活动中主动策划**。组织开展的"平安·北京中轴线"大型融媒体采访调研活动，先后历时一年，派出记者100余人次与首都民警同吃同住、并肩战斗，成功采写新闻作品1000余件，总阅读量过亿。2023年7月，公安部新闻传媒中心策划组织"忠诚的足迹·大美边疆"大型融媒体采访调研活动，50余名中心记者奔赴新疆、西藏、海南、内蒙古四个边境省区，走进10余个地市的30余个基层所队，开展行进式、体验式、蹲点式采访调研，既收获了一批精品佳作，又锻炼了队伍。在2025年"新春走基层"活动中，公安部新闻传媒中心成立20个融媒体报道组，发动记者通讯员340余人，主要负责同志带队采访，深入交通枢纽、边境口岸、年货市场、灯会现场、冬运赛场等地，集中报道基层公安机关民警辅警坚守岗位、守护平安的动人故事，中国记协先后两次转发了我们的做法。二是**在应急报道中经受锻炼**。2024年4月，陕西史礼海、山西武霖两名民警在处警时先后壮烈牺牲，我们迅速组织陕西、山西记者站深入到两位牺牲民警生前岗位，同其战友边战斗边采访，推出了一系列精品稿件，包括播放量破亿次、评论20余万条的《战友武霖，今天我们为你送行！》

公安部新闻传媒中心2025年"新春走基
层"活动

等现象级短视频产品。2025年1月西藏定日县地震发生后，中心迅即启动应急报道机制，用了不到3小时便搭建起连通西藏自治区、日喀则市、定日县三级公安机关以及移民管理宣传力量的信息链路、报道网络。中心两名骨干记者第一时间赶赴灾区，努力克服余震不断、生活保障受限等困难，不眠不休地连续奋战7天，与中心总部、西藏记者站紧密协同，共同采制了一批现场独家新闻作品，其中，关于当地辅警伦珠痛失一双子女仍坚守抗震一线的新媒体报道，被新华社、人民日报等媒体转发，登上抖音、快手平台话题热度榜。**三是在影视创作中复制推广**。中心组织创作的电视剧《我是刑警》在2024年底播出后，之所以口碑热度和市场反馈双丰收，收视率接连创下台网双平台新纪录，主要是因为主创团队坚持随警作战，深入基层采风，遍访100多个基层所队，访谈200多名战友，行程上万公里，为作品出彩打下了坚实基础。

四、深入总结，巩固提高，夯实长效机制

随警作战不是权宜之计，也不可能毕其功于一役，而应该常态化、规范化，成为每名记者的自觉行动。**一是政策支持**。公安部新闻传媒中心鼓励每名记者每年都要拿出相应时间深入基层蹲点，优先安排未有公安工作经历的采编人员到一线随警作战。对新招录人员，分期分批安排到基层公安机关接受三个月以上的实践锻炼。出台关于加强基层学习实践的实施意见，初选福建晋江、四川成都、黑龙江哈尔滨等三地公安机关的基层单位作为中心实践联系点。**二是跟进保障**。中心加大统筹力度，科学调配时间，落实经费支出，强化数智赋能，解除各种后顾之忧，让记者下得去、待得住、干得好。根据工作需要，中心及时更新了一批拍摄、存储、编辑等便携式装备，使随警作战记者有了得心应手的武器。**三是实战实训**。提倡"一专多能"，把随警作战当成演练场，打造"善写稿、能拍摄、懂直播、可出镜"的全能型记者，建设"四全"媒体。定期组织通讯员业务专修班，将随警作战纳入培训课程。2023年10月，中心抽派8名记者分赴浙江省绍兴、宁波等市，开展新时代"枫桥经验"调研采访暨实战化培训，记者们跟随民警调解社区纠纷、跟船出海寻找"东海前哨"等，得到全方位

1
2

1. 2025年2月10日，公安部新闻传媒中心主任、总编辑周学胜带队在北京园博园采访新春灯会安保工作
2. 2023年10月，公安部新闻传媒中心抽派8名记者分赴浙江绍兴、宁波等市，开展新时代"枫桥经验"调研采访暨实战化培训

锻炼提高。2024年12月，中心组织记者赴黑龙江、福建、四川等地基层一线，开展以"冬季行动"为主题的采编业务实战化练兵活动，参训队员都交出了优秀答卷。**四是正向激励**。日常编发工作中，来自基层一线、战斗前沿的稿件优先采用。评选优秀稿件时，向随警作战稿件倾斜，重点关注"深入基层采写的鲜活稿件、有影响力的深度报道"。制定奖励实施办法并严格兑现，给采访报道西藏定日抗震救灾表现突出的两名同志记个人三等功，依规重奖荣获精神文明建设"五个一工程"奖的电视剧《南来北往》主创团队。**五是严明纪律**。记者随警作战以不影响公安民警执法办案为前提，且全程严守国家秘密和警务秘密。随行记者还要与受访民警共同维护公安队伍的良好形象，严格遵守中央八项规定及其实施细则精神，坚决执行公安机关各项铁规禁令。

"一子落定，满盘皆活。"随警作战让我们拿到了增强"四力"的金钥匙，换来了满满的收获，也有力推动了传媒中心整体业务工作和队伍建设。新征程上，我们将踔厉奋发、勇毅前行，进一步探索完善随警作战的方法手段，更好地践行"四力"要求，为建设公安新闻传媒旗舰平台、锻造公安宣传铁军作出新的更大的贡献。

"四力"引航：破舆论迷雾　书行业新篇

金融时报社党委书记、社长

孟琦

随着经济全球化和信息技术的飞速发展，舆论场域正在经历结构性重构。海量信息裹挟着真相与噪声奔涌而来，传统媒体、社交媒体与自媒体形成复杂的共振场。在这个去中心化的传播格局中，行业媒体犹如定海神针，以其专业深度构建起独特的价值坐标系。传递真实、专业、独家的信息，在鱼龙混杂的信息中澄清事实，是行业媒体的使命和责任。

好的新闻报道，需要好的作风和文风，靠好的"脚力、眼力、脑力、笔力"得来。对财经类行业媒体而言，增强"四力"，有助于深入挖掘有价值的经济金融信息，准确把握经济发展规律和趋势，为公众提供更专业、权威的报道，也直接影响着媒体的传播力、引导力和公信力。本文以《金融时报》的新闻实践为例，深入剖析财经类行业媒体在增强"四力"方面的实践经验，以期为行业发展提供有益参考。

一、增强"脚力"："脚下有泥土，笔下见真情"

"脚力"是媒体工作的根基。好的新闻作品是在基层一线、社会实践的大课堂里

1   1.《金融时报》记者在现场采访
2   2.《金融时报》组织座谈会

"跑"出来的。媒体人只有走出办公室，深入生产建设一线，获取第一手资料，才能抓住"活鱼"，写出读者爱看爱读的报道。

"好新闻是跑出来的。" 在报社举行的2025年全国两会报道总结会上，参与两会报道组的记者表示，对此深有体会：入会场后"跑"着去找一个最佳位置，看到代表委员后"跑"着去采访，辗转在各个会场之间"跑"着抢时效，只有在现场的那一刻才能知道自己能采访到谁、会写什么，这样的"快节奏"让记者疲惫，但也让记者兴奋。

不仅全国两会这样的大会报道如此，日常报道也是如此。为了做好采访报道，《金融时报》记者积极深入银行、证券、保险等各类金融机构，以及不同行业的企业进行实地调研，摸实情、写真意。

例如，在开展"金融支持经济高质量发展调研行"专栏报道时，记者深入了解银行如何支持科创企业发展。在采访中，记者发现一些银行创新信贷模式，"不看砖头看专利"，通过评估科创企业的专利价值给予贷款支持，助力科创企业突破资金瓶颈，实现快速发展。这种深入一线的调研，使报道更具真实性和说服力，能够生动展现金融支持实体经济的具体实践和成效。

让新闻作品"沾泥土""带露珠""冒热气"。 基层金融服务场景同样是财经行业媒体需要关注的重点。《金融时报》的很多报道都是深入"田间地头"后得来的，如观察银行柜员为客户办理业务的过程，了解农村信用社如何为农民提供小额信贷支持农业生产；奔赴矿山，了解当地在应对转型时的压力与思考；深入社区的养老院、老年食堂，调研养老产业的困境与机遇。通过这些深入基层的采访，记者能够发现基层的创新亮点和存在的问题，如部分农村地区金融服务覆盖不足等，从而为政策制定者提供参考，推动金融服务不断优化。

《暂停堂食的一个月，北京餐饮业怎么样了》就是这类报道的一个代表。疫情防控期间，北京一度叫停所有堂食，本报记者敏锐地捕捉到了这对餐饮行业的冲击，采访了家门口的餐饮小微企业和行业人士，写出了一篇接地气的生动报道。

二、增强眼力：穿透数据迷雾

眼力体现了媒体人的观察力和判断力，要求媒体能够在海量信息中敏锐捕捉有价值的线索，准确判断财经事件的重要性和发展趋势。好眼力，是财经记者专业素养的体现，更是在日积月累中建立行业媒体权威性的基石。

敏锐捕捉财经政策信号。财经政策对经济发展有着深远影响，财经行业媒体需要具备敏锐的政策洞察力和前瞻性的思考。对于重大事件，权威财经媒体的发声能够起到舆论引导和预期管理的作用，起到一锤定音的效果。例如，在2024年2月LPR公布之前，《金融时报》即开展前瞻性预期引导，发表文章《贷款利率仍有下行空间》，提前向市场释放LPR即将下行、货币政策继续加大逆周期调节力度的信号，起到了强信心、稳预期、稳市场的作用。再如，围绕中央及金融管理部门多次发声强调的"扩大对外开放"要求，从多个角度持续做好相关报道和评论工作，阐明中国金融高水平对外开放的立场，稳定市场预期。

准确判断市场趋势与风险。在复杂多变的金融市场中，准确判断市场趋势和风险是财经行业媒体的重要职责。2024年4月至8月，针对大量资金涌入债券市场导致长期国债利率偏离合理区间、存在泡沫化倾向的问题，《金融时报》持续发声进行风险提示，展现出了卓越的洞察力。4月23日发表的《中国人民银行有关部门负责人接受〈金融时报〉记者采访：长期国债收益率将运行在与长期经济增长预期相匹配的合理区间内》一文，向市场提示长期债券收益率风险，全网阅读量超过1700万次。这一报道及时准确地揭示了市场风险，对稳定市场预期起到了重要作用。

三、增强"脑力"：重构经济叙事的认知图谱

"脑力"要求媒体人具备深厚的专业知识和敏锐的分析能力，能够对财经事件进行深入思考和理性分析，为公众提供有价值的观点和建议。

强化经济金融专业知识储备。在报道财经事件时，财经行业媒体不能仅仅停留

在表面，而要深入分析事件背后的逻辑和影响。在报道资本市场波动时，《金融时报》对"加强市场监管、加大处罚力度、把好IPO入口关"等一系列举措进行深入解读，分析这些举措对资本市场长期稳定发展的意义。同时，突出选取"建设以投资者为本的资本市场、上市公司加大回购力度、中长期资金入市"等有利于提振市场信心的举措进行解读报道，帮助投资者更好地理解市场变化，做出理性投资决策。

去伪存真，传递正确信号。当前的舆论环境中，自媒体、"小作文"与官方报道并存，但前者往往采用更具有煽动性的语言风格，因而传播更广。很多读者都会感到真假莫辨，无所适从。而专业媒体可以凭借其权威渠道与公信力发声，起到正本清源、引导舆论的作用。2025年3月底，针对互联网上一则降息"小作文"，央行发布消息辟谣，《金融时报》第一时间在官方公众号上发布辟谣信息，并随后配发评论《煽动情绪的"小作文"当休矣》，引发广泛转载和关注，有力遏制了市场谣言的传播。

四、增强"笔力"：创新报道形式，提升传播效果

"笔力"是媒体人将所见、所闻、所思转化为优质内容的能力，要求其具备扎实的文字功底和创新的报道形式，使报道更具吸引力和感染力。

用通俗易懂的语言传递专业内容。财经行业媒体的报道往往涉及专业的经济金融知识，为了让广大读者能够理解，需要用通俗易懂的语言进行表达。《金融时报》在报道各类金融政策和事件时，注重将专业术语转化为大众语言。在解读复杂的货币政策时，通过生动形象的比喻和案例，让读者轻松理解货币政策的内涵和影响。这种通俗易懂的表达方式，拉近了媒体与读者的距离，提高了报道的传播效果。

运用融媒体手段创新报道形式。在全媒体时代，"笔力"显然是一种指代，指的是记者编辑的新闻表现力。随着媒介技术的进步，行业新闻工作者的惯用工具也从传统的纸笔发展到个人计算机、笔记本电脑、录音笔、摄像机、手机、手持云台甚至无人机等，将来三维实景、虚拟现实、全息影像等技术工具也将得以普及。金融时报社积极适应媒体融合发展趋势，运用融媒体手段创新报道形式，近两年也取得了不少进

展。在庆祝新中国成立75周年时，精心制作了融媒体作品《"国庆巨制"重温那些难忘的金融历史时刻》。该作品采用长图+SVG交互的形式，从前期策划到上线经过精心设计、反复调整。设计注重细节，图层多达1700多个，交互体验良好，让读者仿佛翻开历史卷轴。作品被多家媒体转发，产生了良好的传播效果，以新颖的形式展现了金融历史，增强了读者的阅读兴趣。

五、结论

财经行业媒体在经济社会发展中扮演着重要角色，增强"脚力、眼力、脑力、笔力"是提升其传播力、引导力、影响力和公信力的关键。通过深入一线增强"脚力"，精准洞察增强眼力，提升专业素养增强"脑力"，创新报道形式增强"笔力"，财经行业媒体能够更好地满足社会公众对财经信息的需求，为经济发展提供有力的舆论支持，这也是提升媒体自身公信力、影响力的必然要求。

在媒体融合的大背景下，我们要继续坚持"四力"导向，不断探索创新，适应不断变化的财经舆论环境，讲好"中国故事"，传递发展信心。

近年来，经济金融话题一直是舆论关注的热点、焦点，也是网络谣言多发的重点领域。互联网不是法外之地，金融管理部门会同公安机关等部门，加大依法打击整治恶意编造涉金融领域网络谣言违法行为力度，助力营造一流营商网络环境、保护公众合法权益、建设清朗网络空间

新时代践行"四力"探讨：
以《交锋高速磁悬浮》报道为例

中国经营报社社长
季为民

2021年2月24日，中共中央、国务院印发《国家综合立体交通网规划纲要》，首次在国家层面对非轮轨技术轨道交通应用作出规划，提出要研究推进超大城市间高速磁悬浮通道布局和试验线路建设。

高速磁悬浮作为我国交通领域的重要创新成果，具有极高的新闻价值和社会关注度。此类报道正是记者践行"脚力、眼力、脑力、笔力"的重要战场；"四力"不仅能够提升新闻作品的质量，还能更好地服务于国家战略和社会发展。

高速磁悬浮基建工程投资巨大，技术路线当时还有很大争议，加上新技术未来商业化前景的不确定性。如何化解技术和商业化难题？《中国经营报》记者通过长期研究和深入调查，把高速磁悬浮面临的难点、痛点和堵点一步一步呈现在读者面前。

本文以《中国经营报》的稿件《交锋高速磁悬浮》为例，探讨记者在新闻报道中如何求实创新地践行"四力"以出精品。

一、"脚力"：深入一线，实地调研

在信息化时代，记者肩负着传递真实信息、揭示事实真相的重要职责。习近平总书记曾强调，记者要增强"脚力、眼力、脑力、笔力"，这"四力"是新闻工作者践行新闻专业主义、履行社会责任的重要保障。

"脚力"是记者深入基层、实地调研的能力，是"四力"之首。对于高速磁悬浮的报道，记者首先需要深入研发基地、试验现场以及相关企业，与科研人员、工程师、一线工人面对面交流，获取最真实、最鲜活的素材。记者前往中车四方股份公司，了解时速600公里高速磁悬浮交通系统的研发进展。通过实地走访，记者掌握了大量一手资料，为后续报道奠定坚实基础。

《交锋高速磁悬浮》的记者并没有停留在表面信息上，而是再次深入到磁悬浮项目的施工现场、其他相关企业和政府部门进行实地调研。通过与工程师、技术人员、政策制定者的面对面交流，记者又获取了大量翔实的数据和鲜活的案例，使得报道更具说服力和现场感。这种深入一线的采访作风，充分体现了记者扎实的"脚力"。

因为中国高速磁悬浮技术流派众多，每家制造工厂和学术机构采用的磁悬浮技术流派都不相同，为采访到第一手的信息，还需要记者到达各个技术流派的现场，为此记者相继前往了中车长客（长春）、中车四方（青岛）、西南交大（成都）、中车唐山（唐山）和中车永济（永济、西安）。记者到达的这些现场囊括了中国东北、华北、西南和西北地区。

二、"眼力"：洞察细节，发现价值

"眼力"是记者分析、辨别和判断的能力，要求记者具备敏锐的新闻触觉。在高速磁悬浮报道中，记者不仅要关注技术突破和试验进展，还要善于发现其中的细节和故事。例如，记者通过观察试验现场的设备调试、科研人员的工作状态，挖掘出背后的努力与挑战。此外，记者还关注到了高速磁悬浮对区域交通格局的影响，从宏观层面和中观层面也发现了新闻价值。

1

2

1.《中国经营报》记者在湖南凤凰近距离体验低速磁悬浮列车驾驶室

2.《中国经营报》记者在中车唐山列车制造生产线调研

"眼力"也是记者发现新闻点和判断新闻价值的能力。在对《交锋高速磁悬浮》的采访过程中,记者还敏锐地捕捉到了项目推进过程中的一些关键细节,如施工现场的技术难题、决策会议中的意见分歧等。这些细节不仅丰富了报道内容,也增强了报道的可读性和感染力。记者还关注到了磁悬浮项目对于区域经济发展、科技创新等方面的影响,从宏观和微观两个层面展现了新闻事件的全貌。

如高速磁悬浮选题,此前也有多家媒体报道,但就商业运营阶段的可行性、盈利性和安全性鲜有涉及,这里一个关键问题,即高速磁悬浮的应用永远绕不开中国最大的轨道交通运营企业——国铁集团,国铁集团对该项技术支持与否,对高速磁悬浮技术进入市场至关重要。记者以国铁集团历史上对高速磁悬浮技术的态度为背景,深挖了其对高速磁悬浮的态度依据,在现阶段国铁集团对高速磁悬浮技术之争的想法,以及当前国铁集团对更高速列车发展思路。记者通过国铁集团的态度和项目举例,说明了高速磁悬浮商业化运营难题的历史由来与现实困难。

三、"脑力":独立思考,深度分析

"脑力"是记者辨方向、懂规律、设议题的能力,体现了其思想政治水平和理论水平。在高速磁悬浮报道中,记者需要深入思考这一技术对我国交通强国战略的意义,以及在全球交通领域中的地位。例如,记者通过对比国内外磁悬浮技术的发展现状,分析我国的优势与不足,从而提出具有前瞻性和建设性的观点。这种深度思考能够提升报道的思想性和引导力。

"脑力"也是记者对复杂信息进行筛选、判断和分析的能力。在《交锋高速磁悬浮》中,记者面对的是一个技术密集型且充满争议的选题。记者不仅需要了解磁悬浮技术的基本原理和发展历程,还要梳理各方观点,包括支持者对技术前景的乐观预期和反对者对成本、安全等方面的担忧。稿件中,记者通过逻辑严密的分析,将技术细节、经济考量、政策导向等多方面因素整合,为读者呈现了一个全面、立体的事实画卷,这正是记者"脑力"的充分体现。

1   1.《中国经营报》记者到中车长客对磁悬浮专家采访调研
2   2.《中国经营报》记者采访中车唐山采访技术带头人苏健

当前高速磁悬浮技术在舆论层面备受关注，民众对此也多有期待，各地方政府也相继将发展高速磁悬浮项目写进地方中长期交通发展规划。报道提醒，在市场过热、产业追捧的现实情况下，我们更应对高速磁悬浮技术持谨慎、客观、冷静的态度。

首先，600公里/小时磁悬浮到目前为止全球都没有成熟可靠的技术出现，中国600公里/小时磁悬浮试验列车至今没有做过达速试验，在这种背景下全社会大谈高速磁悬浮运营，是否言之过早？

其次，高速磁悬浮高昂的建设和运营成本，由谁来买单？票价是否可以覆盖成本？客流量是否可以支撑运营？城市圈客运交通出行市场是否对时速600公里有需求？这些疑问是否做过调查？有没有答案？记者通过独立思考，冷静而客观地提醒：地方政府需要谨慎面对高速磁悬浮市场化的问题。

四、"笔力"：精准表达，生动呈现

"笔力"是记者将"脚力"所到、"眼力"所见、"脑力"所思转化为文字的能力。在高速磁悬浮报道中，记者需要运用生动的语言和恰当的表达方式，将复杂的科技内容转化为公众易于理解的新闻作品。例如，记者通过故事化的叙述方式，讲述科研人员的奋斗历程；或者通过数据对比，展示高速磁悬浮的性能优势。

《交锋高速磁悬浮》这篇稿件不仅用通俗易懂的语言将复杂的技术问题讲解给读者，同时运用生动的比喻和具体的案例，将抽象的技术概念具象化。此外，稿件中的人物对话和场景描写也十分细腻，使得报道更具故事性和现场感。这一切，都离不开记者扎实的"笔力"。

此外，稿件通过对高速磁悬浮的技术路线之争、运营权之争和商业化可能的客观现实的分析，全面阐述了高速磁悬浮技术的历史演变、现状和未来可能。针对舆论和市场上的诸多传闻和谣言进行了详细辨析，让高速磁悬浮技术、规划和运营都回归理性与真实。

尽管报道指出中国面对高速磁悬浮市场化的问题应谨慎，但依旧获得了高速磁悬浮商业化运营的主要推广方中国中车获得了高度认可。中国中车为此专门发来了感谢信，对《中国经营报》的报道给予了充分的肯定。

五、总结："四力"合力，责任担当

记者践行"四力"是提升新闻报道质量的关键。在《交锋高速磁悬浮》报道中，记者通过增强"脚力、眼力、脑力、笔力"，深入挖掘新闻价值，呈现出了高质量的新闻作品。这不仅有助于推动我国高速磁悬浮技术的发展，也为公众提供了有价值的新闻信息，体现了新闻工作者的责任与担当。

在新时代，新闻工作者应持续践行"四力"，不断提升专业素养，为社会公众提供更多有深度、有价值、有温度的新闻作品。

南网传媒：深入践行"四力"，做好"第一选题"报道

南方电网数字传媒科技有限公司党委书记、董事长，

南方电网公司新闻中心主任

吕益华

南方电网数字传媒科技有限公司（以下简称"南网传媒公司"）党委坚持把宣传习近平新时代中国特色社会主义思想作为最重要任务，形成了具有南网特色的新闻宣传"第一选题"机制。组织新闻采编人员深入践行"四力"，推出了一批有品质、接地气、聚人气的新闻作品，推动"第一选题"创新出彩，以中国式现代化南网生动实践彰显习近平新时代中国特色社会主义思想的磅礴伟力，为唱响主旋律、传播正能量，巩固壮大主流思想舆论贡献央企力量。

一、淬炼眼力"脑力"，站稳政治立场

要承担起党的新闻舆论工作的职责和使命，坚持正确政治方向是第一位的。南网传媒公司（南网新闻中心）通过建立健全"第一选题"机制，淬炼采编人员"眼力"和"脑力"，不断用科学理论武装头脑、指导实践，确保宣传思想文化工作牢牢把握正确政治方向、价值取向、舆论导向。

南网传媒公司成立"第一选题"工作室，工作室团队坚持政治引领，围绕学习贯彻习近平总书记重要讲话和重要指示批示精神这个"第一议题"，持续开展学习研究，提高政治素养，在第一时间、第一版面、第一屏幕、第一栏目做好策划报道，推动新闻舆论工作品质和效能全面提升。

巩固拓展学习贯彻习近平新时代中国特色社会主义思想主题教育成果。 推出"南方电网解决贵州省毕节市黄泥塘镇独立供电区群众用电问题"等主题教育宣传典型案例、"云南独龙江乡接通大电网用好电"等贴近民生的报道，书写了能源央企责任担当。

学深悟透习近平经济思想。 积极唱响中国经济光明论，打造"电力数据看经济"品牌栏目，发挥电力数据"晴雨表"和"风向标"作用，从数据变化看中国经济高质量发展的活力与动能。

认真贯彻落实习近平总书记关于发展新质生产力的重要论述精神。 打造"大瓦特·驭电"大模型、我国新型储能领域唯一的国家制造业创新中心、国内首个大容量钠离子电池储能电站等新质生产力宣传典型。

深入学习贯彻习近平总书记对加强和改进国际传播工作提出的一系列新思想新观点新论断。 参与"中法人文合作发展论坛""中秘共建'一带一路'务实合作主题年会"等重大活动报道，讲好南方电网公司从深耕澜湄到奔赴南美、开拓中亚，高质量共建"一带一路"的故事。围绕南网知行教育帮扶行动，宣传"希望之光""占芭花"等南方电网公司海外公益助学活动。

近年来，南网传媒公司推出"能源安全保供""推动高质量发展""加快建设新型能源体系和新型电力系统""高质量共建'一带一路'"等"第一选题"策划报道600余篇，相关新闻素材被《人民日报》、新华社、中央广播电视总台刊发或刊播。

二、磨炼"脚力、笔力"，让新闻报道更鲜活

增强"四力"，"脚力"是基础，"笔力"是落点。要挖掘和采写高质量新闻作品，记者必须在路上、到现场，通过磨炼"脚力、笔力"，以鲜活的人、事、物等"小切口"

1. 《南方电网报》打造"电力数据看经济"品牌栏目
2. 中央电视台播出《丝路故事·跨国线路上的电力一家人》，讲述南方电网公司在老挝建设电力项目的故事

观照"大主题",让新闻报道既有理论高度、思想深度,又有报道温度、传播广度。

习近平总书记指出,经济大省要挑大梁为全国发展大局作贡献。经济大省挑大梁,国之重器要先行。南网传媒公司组织采编人员多次前往广东多个重大工程项目建设现场,深入报道能源电力发展标杆工程、绿色低碳示范工程,展现能源项目建设更好地支撑经济大省挑大梁的作用,更好地服务"绿美广东"和"海上新广东"建设,更好地推动广东产业科技互促双强。

云南省贡山县独龙江乡是习近平总书记深情牵挂的地方。2019年4月,习近平总书记给独龙江乡群众回信,祝贺独龙族实现整族脱贫,勉励乡亲们为过上更加幸福美好的生活继续团结奋斗。6年来,独龙江乡发生了巨大变化。南网传媒公司多次携手社会媒体记者深入独龙江乡,挖掘一个个细腻、生动的故事,多角度、深层次宣传电力发展支撑独龙江乡经济社会高质量发展的成效。

独龙江乡从前只依靠两座小水电站作为电源点,稳定供电都是难题。继2022年5月正式接入南方电网主网后,2023年5月,独龙江乡又装上了充电桩。南网传媒公司记者深入独龙江乡,记录下充电桩建成后,既为新能源汽车充电,也为当地产业发展助力的故事。《人民日报》刊发图文报道《独龙江乡开进了新能源汽车》,新华社发布电讯报道《我国独龙族聚居地有了充电桩》。

2024年1月,南网传媒公司记者以回访的形式深入采访。《南方电网报》刊发报道《"太古之民""潮"出新天地》,以草果收购价格之变、独龙毯织布颜色之变、普通乡民家庭生活之变三个故事生动还原了独龙江乡发生的巨变。相关新闻素材被央视《新闻联播》《把好日子织成"绚丽的彩虹"》报道采用;新华社刊发电讯报道《云南电网:守护独龙江畔的万家灯火》。

三、推动媒体融合发展,建设全媒体传播体系

党的二十大报告指出,要加强全媒体传播体系建设,塑造主流舆论新格局。我们要在媒体深度融合中践行"四力",加快适应信息技术迅猛发展新形势,顺应全媒体

1

2

1. 中央电视台《新闻联播》报道阳江三山岛海上风电柔直输电工程开工建设
2. 中央电视台《新闻联播》播出《把好日子织成"绚丽的彩虹"》报道

时代发展大势，以数智技术赋能采编业务，建设全媒体传播体系。

南网传媒公司坚持守正创新，推动各媒体平台内容共享、渠道互通、平台共建，推动媒体融合发展。加快采用人工智能技术，加快培育媒体新质生产力，实现全媒体传播效果最大化。

打造"中央厨房"。 近年来，南网传媒公司借鉴"中央厨房"模式，推动构建融为一体、合而为一的全媒体传播格局。全面开展机构改革，将原来多个采编部门合并为一个融媒体中心；推进机制建设创新，建立一体运作的融媒体管理体系；协力建成覆盖南方电网公司全系统的融媒体技术平台，实现新闻生产流程再造，曾荣获"王选新闻科学技术奖"项目奖三等奖；公司全媒体建设创新案例入选《中国新闻出版深度融合发展年鉴（2021—2024年卷）》。

加强人工智能技术应用。 在央企传媒机构中率先启用以员工形象全息复刻的AI数字双主播；积极创建"AI＋"传媒人工智能创新实验室，加快推进楼宇电视智能播控、媒资智能管理等系统，新闻智能写作助手等项目建设。通过AI大模型、AI数字人、云计算等技术，提升新闻舆论工作科技含量和生产传播效率。在新闻产品中融入AI图文元素，推出南方电网首部AI生成宣传片。

推出系列融媒体拳头产品。 近年来，南网传媒公司把"内容为王"理念贯穿于融合发展全过程，潜心投入优质融媒体内容生产。2024年，超强台风"摩羯"袭击海南、广东，习近平总书记对海南、广东等地台风灾害作出重要指示。在南方电网公司党组统一部署下，南网传媒公司把新闻舆论工作作为抢修复电的重要一环和重要内容，派出十几名骨干记者赴受灾一线开展近一个月的采访，推出系列高影响力的融媒体产品，彰显了"南网铁军、央企的样子"良好形象。

《人民日报》、新华社、《海南日报》刊发长篇通讯，《南方电网报》推出专题深度报道"抗击'摩羯'"特刊，报道南方电网公司防灾应急能力提升，快速有序抢修复电。同时，以短视频为突破口，在新媒体平台高频次精准传播，讲述攻坚克难、鱼水情深的动人故事。例如，短视频《翁田镇的中秋夜》讲述了在台风登陆点翁田镇，

《我们在，光明就在》｜南方电网首个AI生成宣传片出炉！

南网50Hz 2024年05月05日 21:08 广东

南方电网首部AI生成宣传片

中秋之夜成功抢通电力，村民如愿看上传统琼剧表演。抢修复电期间，相关短视频在主流网络平台刊播超过5000条、点击量超过2亿次，正能量始终充盈网络空间。

南网传媒公司（南网新闻中心）将坚持以习近平新时代中国特色社会主义思想为指导，深入学习贯彻习近平文化思想，进一步聚焦学习宣传贯彻习近平总书记重要讲话和重要指示批示精神这个首要任务，以"第一选题"为牵引，在不断增强"四力"中进一步引导采编人员提高政治站位，保持"在现场"的热情，进行"有价值"的思考，追求"最优质"的表达，争取创作出更多"沾泥土""带露珠""冒热气"的新闻作品，把中国式现代化南网实践书写得更精彩、讲述得更深刻、传播得更广泛。

和时代同频　与邮人同行

——在深入践行"四力"中讲好中国邮政故事

《中国邮政报》社有限公司社长、总编辑
关鸿雁

"不断增强脚力、眼力、脑力、笔力，努力打造一支政治过硬、本领高强、求实创新、能打胜仗的宣传思想工作队伍。"这是习近平总书记对新形势下宣传思想战线队伍建设提出的总要求，饱含着对广大宣传思想工作者的殷切期待，也为我们行业新闻宣传战线提升工作本领、增添工作底气提供了重要遵循。

作为邮政快递业的"国家队"，中国邮政现代物流、商流、信息流、资金流"四流合一"，"乡乡设所、村村通邮"点多面广的特点，不仅是企业服务国计民生和经济社会发展的资源禀赋，也为我们做好新闻宣传工作提供了广阔空间。

脚下有泥，心中有光。近年来，作为中国邮政新闻宣传的主渠道、主阵地、主力军，《中国邮政报》社深入践行习近平总书记关于增强"脚力、眼力、脑力、笔力"的重要指示精神，认真落实中国邮政集团党组要求，围绕企业发展大局，深入现场一线、深挖基层实践，以"开放、深刻、专业、鲜活"来体现深度、传递温度、表达态度，用心用情描绘中国邮政高质量发展的鲜活图景，为奋进新时代做好行业注脚。

新中国成立75周年特刊，也是报社深入践行"四力"的概括呈现

一、脚步向实才有温度

"脚力"是"四力"的基础。增强脚力,就是要增强群众思维、实践思维,弘扬调查研究之风,增强调研能力与水平。"耳闻之不如目见之,目见之不如足践之。"在路上,心里才有时代;在基层,才能找到最好的课堂;在现场,才能察实情、动真情,写出"沾泥土、带露珠、冒热气"的优秀作品。

大山深处的马班邮路上,与王顺友共同感受"一个人、一匹马"的孤独;高原之巅的"雪线邮路"中,靠吸氧艰难记录下其美多吉最后一次翻越雀儿山时的动容;奔腾湍急的澜沧江面,亲身体验尼玛拉木飞身溜索传递邮件的惊险——央视"好记者讲好故事"2021年中国记者节特别节目中,本报记者深情讲述采访三条邮路、三个邮人的故事,台下观众纷纷为之动容。

好故事打动人,因为它是"跑出来"的,带着情感温度。近年来,《中国邮政报》社大力强化"现场"意识,狠抓"走转改",推动编辑记者迈开双腿,主动深入基层,获取报道的"源头活水"。

归口实施与统一策划相结合。围绕行业最佳实践,由各项目组归口做好基层单位典型经验报道。围绕年度重大主题,统一策划全社性采访活动,如"喜迎二十大 乡村振兴行""高质量发展调研行"等,从不同角度呈现邮政企业深入贯彻落实国家发展战略、全力服务经济社会民生的昂扬风貌。

蹲点式采访与行进式采访相结合。根据不同主题,灵活选择采访调研形式。蹲点式采访,强调真与活,用沉浸式体验叙事、说理、传情;行进式采访,突出新与变,在所见所闻中讲好变革背后的故事。

本部采访与联合采访相结合。联合中央主流媒体、行业媒体共同开展采访调研,如"中央行业媒体西藏邮路行"、中央媒体"'长征邮路'行"采访调研、"聚焦边疆邮政 见证团结与发展"联合主题采访等,让邮政先进典型事迹得到更广泛的传播。

从繁华都市到边疆海岛,从雪域高原到沃野乡村,近年来,邮政报记者的足迹遍布神州大地，让"有人的地方，就有中国邮政；有中国邮政的地方，就有邮政报人"，这也使《中国邮政报》新闻报道的质量更高、活力更强、"地气"更足。

二、视角向远才有力度

"眼力"体现新闻工作者的专业素养。增强"眼力"，就是要增强观察和判断事物的能力与水平，能够看得清、看得透、看得远，从全局高度观大势，从表象看到本质，从一般看到规律，不断提升发现真善美的能力，更好地传播党的政策主张，强信心、聚民心、暖人心、筑同心。

始终关心大势、关切大事、关注大局，开阔新闻报道的视野。深入学习习近平总书记在全国民族团结进步表彰大会上的重要讲话精神，2025年春节前夕，本报记者在对"全国民族团结进步模范个人"云南省怒江州泸水市称杆乡邮政所所长、营业员、投递员桑南才的采访中，敏锐捕捉新闻亮点，以当地百姓欢庆傈僳族"阔时节"与汉族春节"两个新春"为切入点，巧妙串联起各民族群众亲如一家的生动场景，彰显出各族百姓对铸牢中华民族共同体意识的深刻认同。同时，用"鸟路鼠道"变通途、每月包裹投递量的激增、村民阿波华由"贫困户"变成"特产大户"等邮路上的种种变革，描绘出边民富、边关美、边境稳、边防固的鲜活景象。采访撰写的报道《"两个新春"的幸福链接》、制作的短视频《桑南才的新年愿望》，引发了众多读者共鸣。

高度关注社会热点、发展难点、民生焦点，提升新闻报道的价值。悬崖村，坐落于四川凉山彝族自治州昭觉县古里镇海拔1400多米的悬崖之上，2016年底前，17条藤梯曾是村民与外界相连的唯一道路，悬崖村的贫困问题也一直让党和政府记挂。2022年，中国邮政"喜迎二十大 乡村振兴行"四川段采访组一行，主动登上"天梯邮路"，走进悬崖村，实地感受村民生产生活的变化和邮政服务乡村振兴的作为，解码今昔巨变背后的故事。报道《登上"天梯"看幸福》在报社多平台发布后，迅速被新华网、人民日报客户端等近40家社会主流媒体关注、转载。

2025年中央行业媒体"新春走基层"活动采访组与桑南才合影

既见人之所见，亦见人之所未见。我们在实践中充分认识到，眼力既是新闻记者的基本功，也是杀手锏。新闻素材的独到见解、独特视角，将为报道注入新的生命力。

三、思考向深才有热度

"脑力"彰显新闻工作者的思想深度。增强"脑力"，就是增强深入思考和理性分析问题的能力与水平，强调多思善谋、综合研判，想得全、想得细、想得深，在确保新闻深刻的同时又能"曲高和众"，让作品更加贴近生活、贴近实际、贴近群众，让思想更加深入人心。

坚持以人民为中心，展现时代变革。 围绕"党之大计""国之大者"，聚焦邮政核心功能，精心策划选题、组织报道。本报记者在7年间两次深入全国最后一个通公路的县城——墨脱采访，撰写的《通往墨脱的邮路记忆》这篇深度报道，正是从邮路这一独特角度，反映过去50年墨脱经济社会发展和人民生活的变革，以小切口展现大背景，以新视角映照大时代。

坚持以问题为导向，立足行业谋划。 围绕中心，服务大局。《"长三角"寄递市场新闻调查》是本报调查性报道的代表作。聚焦寄递之争的本质，记者围绕价格、时限等热点要素，深入快递市场竞争最为激烈的长三角地区，通过36天明察暗访，用采集到的大量翔实素材进行深入分析，深刻揭示了市场选择背后的价值逻辑，引发了当地邮政企业的深刻思考，助推了中国邮政加快寄递改革的步伐。

坚持以学习为手段，充盈思想活力。 在干中学，在学中干。在对江西邮政助力"廖奶奶"合作社发展的报道中，《中国邮政报》记者抓住"廖奶奶"入选"全球减贫最佳案例"这一热点，讲述廖秀英老人创办咸鸭蛋专业合作社，先后带领92户贫困户走上致富道路的故事。为保证报道的专业性，记者查阅资料，引入国际上常用的测定贫困线的"恩格尔系数"来佐证文中"乡亲们的生活水平由贫困进入了小康，并迈向了富裕阶段"的表述，让报道更具公信力。

与时代主题相通，与人民初心相映，与行业发展相连，由此及彼、由表及里、融会贯通的深度思考，让我们能够以微观生动实践，讲好邮政故事、中国故事，理论宣传阐释的吸引力和实效性不断增强。

四、表达向新才有鲜度

"笔力"是新闻工作者的基本功。增强"笔力"，就是增强对语言文字和创新的报道形式的驾驭能力与水平，打造出既有思想深度，又有情感厚度；既有技术浓度，又有精神高度的新闻产品。

创新话语体系，把故事讲活。《中国邮政报》积极转变文风，杜绝"假、大、空"，要求"短、时、新"，倡导"主题事件化，事件人物化，人物故事化，故事细节化"，用深入浅出、言简意赅，带着泥土味儿、热乎气儿的话语表达，让人看得下、记得住、传得开，从而起到春风化雨、润物无声的宣传效果。

"家家户户都贴起春联、挂起腊肉、摆上瓜子果盘，带着烟火暖香的袅袅炊烟缓缓升腾，与远处青山的轮廓相互映衬，共同编织成一幅美好幸福的乡村新春画卷。"在报社2025年"新春走基层"报道中，这样生动、鲜活的语言几乎篇篇可见，让乡村的新年祥和劲儿、农家烟火气、村民幸福感扑面而来、可感可及。

创新表达方式，把报道做活。近年来，在以多维视角、朴实通俗的语言让新闻报道保"鲜"的同时，从功能到媒介，从形式到产品，我们也在积极寻求报道的多元呈现，用全新的表达方式，以镜头为笔，推动新闻视频化，让时代主题"活"起来、邮政故事"潮"起来，新闻"语言"变得丰满而立体。从"盆景式"调研到"全景式"采访，我们都坚持全媒体出击，一次采访，多样产出、多平台发布，在报纸上以二维码形式实现新闻可视化。

2024年，在报社组织开展的"边境村邮路建设巡礼""大行足迹""新质生产力观察"三组系列主题全媒体采访活动中，每篇报道都有短视频产品，让读者对邮政在助力建设中国式现代化进程中的新担当新成就有了更加直观、鲜明的感受。

　　2023年和2024年，报社连续两年在高考季组织开展"一起去送高考录取通知书"直播项目，共举办16场，总时长超40小时，总曝光量超20亿次。慢直播的形式，让观众以近乎实时的视角，沉浸式感受邮政人精准送达录取通知书的全过程。其中，云南德宏站"挖姜男孩"姚胜旺的故事感动全网，《人民日报》、新华社等上百家媒体、平台相继转发报道。在四川凉山站，重走王顺友"马班邮路"一起去送高考录取通知书的直播，全网在线观看量超300万次。

　　非凡"脚力"出眼力，勤想多思著华章。通过践行"四力"，《中国邮政报》社的媒体传播力、引导力、影响力、公信力不断提升。未来，我们将继续和时代同频，与邮人同行，用脚步丈量邮路的深远，用眼睛捕捉行业的脉动，用头脑思考发展的方向，用笔墨书写邮政的担当，为奋力谱写中国式现代化的邮政篇章汇聚磅礴力量。

践行"四力"要求　彰显责任担当

农银报业有限公司董事长、总编辑
陈继军
··········

在媒体格局深刻变革、舆论生态加速重塑的新时代语境下，习近平总书记对新闻工作者提出明确要求："不断增强脚力、眼力、脑力、笔力，努力打造一支政治过硬、本领高强、求实创新、能打胜仗的宣传思想工作队伍。""四力"要求涵盖政治素质、理论素养、业务能力、工作作风，构建起新时代新闻工作者的职业精神坐标体系。

农银报业将"四力"要求作为修身立业的根本遵循，让双脚深入基层，沾满泥土芬芳；让双眼穿透表象，洞察时代大势；让头脑积淀学识，充满思想光芒；让笔尖凝聚力量，传递时代强音，以专业素养诠释责任担当，为巩固壮大奋进新时代的主流思想舆论贡献力量。

一、思想武装"强"起来

增强"四力"，根本在于提高政治素质，提升政治觉悟和政治能力，在政治立场、政治方向、政治原则、政治道路上同以习近平同志为核心的党中央保持高度一致。农银报业作为城乡金融宣传领域的"国家队""主力军",始终把学习贯彻习近平新时代中国特色社会主义思想,特别是习近平总书记关于新闻舆论工作的重要论述作为首要政治任务。

学习理论知识,夯实采编思想根基。每年,农银报业举办近10场新闻业务主题培训,邀请来自中国记协、中国行业报协会、农业农村部及主流媒体的权威专家,深入解读国家发展战略、"三农"热点问题以及媒体融合发展趋势,帮助采编人员站在更高的政治站位做好新闻报道。充分利用报社党组织的各类会议、青年理论学习小组及团支部的各项活动,组织采编人员持续从党的创新理论中领悟规律、明确方向、学习方法、增长智慧。通过常态化开展专题学习、理论研讨与业务交流,使理论学习成为日常工作的一部分,确保新闻报道始终坚持正确的政治方向和舆论导向。

组建课题小组,提升采编专业能力。紧密对接党的二十届三中全会重大改革部署,划分新闻报道领域,组建22个专业性研究小组。各小组围绕特定领域,通过深入学习习近平总书记关于该领域的重要论述,进行实地调研、开展案例采访等,密切协作、充分交流,最终形成有深度的宣传报道。创新"传帮带"模式,传承采编宝贵经验。由社领导牵头,选拔一批经验丰富、业务精湛的资深采编人员担任老师,与年轻采编人员结对子,组成10个学习小组。老师们倾囊相授工作经验与写作技巧,助力年轻人熟悉流程、掌握技能,培养职业操守与新闻理想,树立正确新闻观。

二、新闻作品"实"起来

新闻的活力在基层,创新的火花在实践。近年来,农银报业积极践行"四力"要求,通过开设"奋进强国路 阔步新征程""建设金融强国 做好五篇大文章""用好'千万工程'经验 推进乡村全面振兴"等特色专栏,从总编辑到编辑记者、基层通讯员深入全国100多个市县、200多家单位采访调研,行程超过10万公里,推出600余篇基层报道,挖掘中国特色金融典型案例,将新闻实践升华为坚持人民立场的政治自觉。

1

2

1. 2024年6月，农银报业邀请中国行业报协会会长张超文，围绕学习贯彻习近平文化思想、提高行业新闻报道水平作主题授课

2. 2024年10月，农银报业"乡村振兴金看点"报道组在福建漳州采访

其中，《三代人　一个梦》带给我们诸多收获与启示。2024年10月，党的二十届三中全会之后，习近平总书记考察福建，为福建进一步全面深化改革、全方位推动高质量发展指明方向。《中国城乡金融报》同步推出《三代人　一个梦》深度报道，生动讲述了闽东人牢记"弱鸟先飞""滴水穿石"嘱托，因地制宜，耕山牧海，久久为功，摆脱贫困，实现小康的故事，彰显了党在不同历史时期始终坚守为人民谋幸福、为民族谋复兴的初心与使命，从而深刻反映出"小康梦、强国梦、中国梦，归根到底是老百姓的'幸福梦'"。

"脚力"感知时代脉动。采访组以沉浸式调查践行新闻真实性原则，先后两度深入宁德基层，耗时16天穿越山海，走访30余位金融工作者、政府工作人员及村民，形成3万余字采访手稿，以实地走访触摸闽东热土的时代脉搏。

"眼力"洞察时代命题。以敏锐的新闻嗅觉捕捉到三代人奋斗史的叙事价值，将黄振芳、江成财、杜赢等个体命运与闽东30余年脱贫攻坚的宏大叙事深度交织，通过"小切口大主题"的创作理念，将"弱鸟先飞""滴水穿石"精神转化为可触可感的民生图景。

"脑力"构建叙事范式。创新采用"三人三线叙事、一梦多维共振"的结构，打破传统报道模式，将新闻性与文学性有机融合，为新时代主旋律报道提供了可复制的叙事范本，体现了对叙事范式的突破性思考与系统性构建。撰稿过程中，历经5次推倒重来、近20次修改润色，将专业术语转化为通俗易懂的百姓话语，提升内容的传播亲和力。

"笔力"传递时代温度。作品以细腻的笔触、深刻的洞察和时代性的主题，展现了普通中国人追梦、筑梦、圆梦的动人故事。以故事化叙事赋予新闻感染力，突破常规报道的扁平化表达，使乡村振兴等时代命题真正走进受众心灵，展现了将专业内容转化为大众话语的文字功力，以及用"笔力"传递时代温度的创作追求。

作品刊发后，新华网、人民网等中央媒体第一时间转载，全网传播量累计突破300万+，形成了多层次、广覆盖的传播矩阵。在专题讨论会上，40多位编辑、记者认为该作品"从个体故事追溯时代变迁轨迹，以平凡人物挖掘时代精神内涵"，成功树立行业报道"见微知著"的示范样本。

三、人才活力"涌"出来

通过持续学习与实践，采编人员提升了工作本领、增添了工作底气，践行"四力"的成效在服务大局的担当与融合发展的突破中得以生动诠释。

在服务党和国家工作大局上，时刻保持高度的政治敏锐性，关键时刻积极发声，紧要关头勇于担当。在新中国成立75周年、党的二十届三中全会等重要节点，凭借敏锐的政治判断力和专业素养，精心策划深度报道，推出一系列有思想深度、贴近实际的优质稿件。面对突发公共事件，采编团队闻令而动、迅速响应，第一时间奔赴受灾一线，克服重重困难，采写出众多时效性强、信息丰富的新闻稿件，及时传递了受灾地区的真实情况，让党和政府了解群众的需求，也让群众感受到党和政府的关怀，切实发挥了"连心桥"作用。特别是每年"七下八上"防汛关键期，开设"党旗在基层一线高高飘扬"专栏，生动展现各级党组织和党员干部冲锋在前、守护群众安全的感人瞬间，凝聚起众志成城的强大力量，弘扬了时代正能量。

从被动的"要我做"转变为积极主动的"我要做"，编辑、记者将增强自身能力内化为推动高质量发展的自觉行动。在实际工作中，他们迅速成长，运用新媒体思维精心打造出"浓情暖域""乡味儿·金品"等特色品牌，呈现出"青蓝相继、薪火相传"的生动局面。

在国际传播方面也取得了新突破。例如，2024年中非合作论坛在京举办，开幕前夕，《中国城乡金融报》刊发深度报道《为中非经贸合作搭建"金"桥》，系统梳理中刚非洲银行九年来促进双边经贸往来的实践路径。中刚非洲银行是在2013年3月中国国家主席习近平访问刚果（布）期间，由萨苏总统提议组建，现已成为共建"一带一路"倡议的标杆性成果。该文随即被刚果（布）最具影响力的《布拉柴维尔快讯报》全文法文转载。通过精准把握国际舆论议程设置窗口期，既彰显中国金融机构的海外作为，

1
2

1. 2024年1月，《中国城乡金融报》记者胡蓉在积石山县地震灾
区采访
2. 2024年，《为中非经贸合作搭建"金"桥》一文被刚果共和
国《布拉柴维尔快讯报》全文转载

更构建起跨文化传播的"话语共同体"，让世界更好地"读懂中国"。

近年来，农银报业精品力作不断涌现，80余人次、60余件作品荣获奖项，城乡金融领域权威信息发布平台的地位持续巩固。在媒体融合发展方面，报社构建起"报、网、端、微"全媒体传播矩阵，在重大活动报道中实现多平台同步发力，形成舆论传播合力。2024年《中国城乡金融报》获评"高学术影响力中国报纸"，标志着报社在专业领域的影响力迈上新台阶。

妙笔生花倾陆海，文章锦绣洒潘江。农银报业将继续以习近平新时代中国特色社会主义思想为指引，把增强"四力"作为永恒课题，不断探索创新，用心用情打造有思想、有温度、有品质的新闻精品，为服务党和国家工作大局、推动城乡金融事业发展作出新的更大贡献。

把准行业发展脉搏　有力有效引导舆论

——《人民邮电》报践行"四力"的思考与实践

工业和信息化部新闻宣传中心（《人民邮电》报社）总编辑
王保平

习近平总书记关于"脚力、眼力、脑力、笔力"的重要论述，是内涵丰富、逻辑严密、表述生动、相互促进的有机统一整体，是新闻舆论工作者政治素质、理论素养、业务能力、工作作风的集中体现，为新时代做好新闻舆论工作指明了前进方向、提供了根本遵循。其中，"脚力"是深入实际、调查研究的能力；"眼力"是观察、发现、辨识与判断新闻的能力；"脑力"是思考分析、加工信息、形成观点的能力；"笔力"是清晰、生动地表达见闻想法的能力。"脚力"拓展认知边界，"眼力"捕捉问题本质，"脑力"凝练思想内核，"笔力"实现价值传播，四者构成"实践—认知—表达—再实践"的动态循环。

《人民邮电》报是具有75年历史的信息通信行业权威主流媒体，面对近年来纷繁复杂、瞬息多变的行业发展形势，深入学习贯彻习近平文化思想，特别是习近平总书记关于新闻舆论工作的重要论述，忠实履行党的新闻舆论工作职责使命，不断深化对

"四力"的认识，持续提升践行"四力"的能力：在发挥"脚力""笔力"固有优势的同时，更加强调提高"眼力"、增强"脑力"，通过"眼力"与"脑力"的协同发力，把党和国家关于行业发展的政策举措阐释清楚，把急剧变化的行业大势梳理明白，把众说纷纭的行业热点分析透彻，充分发挥"报、刊、网、微"融媒体矩阵优势，着力提升行业新闻舆论传播力、引导力、影响力、公信力，不断壮大行业主流舆论，为行业高质量发展营造良好舆论氛围。

一、紧紧围绕国家战略，做好重大主题宣传

"围绕中心、服务大局"是做好新闻舆论工作的重要前提，也是践行"四力"的必然要求。近年来，《人民邮电》报始终心怀"国之大者"，不断提高政治站位，站在国家战略全局高度策划选题，推出了一批在行业产生广泛影响的重大主题宣传，为工信事业高质量发展凝聚起强大精神力量。

强化政治思维，做深做实习近平新时代中国特色社会主义思想的宣传阐释。新闻工作具有鲜明的政治属性，《人民邮电》报始终把坚持正确的政治方向摆在首位，持续深入宣传习近平新时代中国特色社会主义思想特别是习近平经济思想，构建起"理论阐释+实践解读+成果展示"三位传播体系。一是围绕习近平总书记关于网络强国的重要思想以及关于制造强国、新型工业化的重要论述，精心策划"推动我国数字经济健康发展""新型工业化高端谈"等系列评论和访谈，结合行业实际深刻阐释习近平新时代中国特色社会主义思想的精神实质和丰富内涵。二是持续推出"聚焦新质生产力　增强发展新动能""推进新型工业化　工信系统在行动"等专题专栏，及时报道信息通信行业学习贯彻习近平总书记重要讲话、重要指示批示精神的认识、举措及成效。三是开展"新型工业化调研行""5G赋能千行百业媒体行"等深度采访调研，及时反映工信系统取得的突破性成就、标志性成果。

结合行业实际，做好党的重大方针政策落地实施的解读分析。聚焦党的十九大、党的二十大和党的二十届三中全会等党的重要会议有关工业和信息化的重要论述，策

划推出系列评论，深入分析行业面临的形势任务和担负的责任使命，汇聚起以行业高质量发展推动中国式现代化的磅礴力量。中央经济工作会议是为经济发展定调的重要会议，针对每次会议对信息通信业作出的重点部署，及时组织编辑部深入研讨，撰写系列评论进行解析，为行业更好贯彻落实提供导向指引。

聚焦重大时间节点，精心做好行业发展成就宣传。 把行业成就宣传置于国家波澜壮阔发展历程的大背景下，强调党和国家政策对行业发展的引领作用。在新中国成立75周年之际，推出"奋进强国路　阔步新征程"专栏、专题和专版，在国庆日当天刊发社论《铸就强国建设、民族复兴伟业的坚强网络基石》，生动展现新中国成立75年来特别是党的十八大以来，我国信息通信行业取得的巨大成就，激励全行业更加紧密地团结在以习近平同志为核心的党中央周围，凝心聚力、奋发进取、再创辉煌。

二、敏锐把握新趋势　唱响发展主旋律

在数字经济浪潮奔涌的当今时代，以5G、算力、人工智能、大数据等为代表的新一代信息通信技术发展迅猛，新业务、新模式、新业态层出不穷。《人民邮电》报作为深耕行业的专业媒体，时刻保持敏锐的洞察力，关注行业最新动态，把准行业发展脉搏，捕捉行业发展亮点，大力宣传信息通信业高质量发展成效，助力唱响中国经济光明论。

发挥专业优势，明晰行业发展趋势。 发挥记者"眼力"，巧借专家"脑力"，深刻洞察行业发展趋势，形成年初展望、年中分析、年末回顾三大报道板块。策划推出"行业前瞻""年中观察"等专栏，通过记者述评、专家访谈等形式，抓住5G/6G、人工智能、算力、低空经济等不断涌现的新技术新领域，把脉热点难点问题，透析前沿技术走向，展望行业发展趋势。结合工信部每月、每季度发布的行业运行数据，综合运用一图读懂、短视频、记者述评、专家分析等融媒体形式，将行业发展数据背后的原因和趋势讲活讲深讲透。

《人民邮电》报围绕信息通信业重点、热点话题，组织深度分析报道

捕捉发展亮点，展示行业发展成就。信息通信业是发展速度最快、渗透性最强、辐射范围最广的行业之一，是支撑经济高质量发展的强劲动能。《人民邮电》报抓住5G、算力、工业互联网、人工智能等突出亮点，进行富有成效的宣传，助力唱响中国经济光明论。在5G发牌五周年之际，策划推出"5G广赋能""5G专家谈"等融媒体报道及"新质生产力发展看5G"系列访谈，擦亮5G这张中国科技创新新名片。组织"算力中国行"大型调研采访活动，深入浙江、广东、山东、贵州、青海等十余个省（自治区、直辖市），展示各地算力基础设施建设、算力产业发展和典型应用的亮点成效。把握生成式人工智能的最新发展趋势，宣传人工智能、虚拟现实、超高清视频等新技术在冬奥会和冬残奥会等重点场景的应用，推出《人工智能大模型赋能千行百业》《人工智能国产化》等栏目，及时宣传人工智能技术创新和落地应用的最新成果。推出"推动工业互联网创新实践　助力制造业高质量发展"专栏，邀请政产学研各方面专家撰文，探讨工业互联网发展。

围绕国家大局，全力做好稳增长报道。配合国家稳增长的决策部署，开辟"信息通信行业助力稳增长"专栏，持续报道信息通信业为中小企业纾困解难、帮助实体企业加快数字化转型等方面的举措与成效。推出"新底座·新引擎·新动能　数字经济如何助力稳增长专家谈"栏目，邀请十几位业内外专家从不同角度，为读者详细解读数字经济作为经济发展的新底座、新引擎、新动能，在助力经济稳增长方面发挥的重要作用。

三、勇于直面行业热点，发挥一锤定音作用

近年来，《人民邮电》报紧扣党中央关注、人民群众关心、社会关切的行业热点难点焦点问题，及时开展舆论引导，辨析是非曲直，廓清思想迷雾，发挥关键时刻一锤定音作用，引领行业正确发展航向。

及时释疑解惑，放大正面声音。"携号转网"是信息通信行业贯彻以人民为中心的发展思想的重要举措，是保障人民群众选择权的惠民工程。"携号转网"政策发布后，

2023年5月11日,《人民邮电》报邀请工信部相关负责同志和算力企业代表,共同启动"算力中国行"大型调研活动

面对行业内外各种声音，《人民邮电》报加大宣传力度，刊发《以人民为中心　把好事办好》的评论，正确引导舆论；开辟"携号转网进行时"专栏，及时报道各地的进展成效；策划调查报道，推出《"携号转网"来了，要不要转？好不好转？》《"携号转网"，用心做好服务，千万别玩套路！》《"携号转网"，"转"出优质服务才是关键》等多篇调查报道，为携号转网顺利开展营造了良好舆论环境，受到上级主管部门的充分肯定。

敢于触碰热点，正确引导舆论。 5G作为国家战略，商用五年来取得了显著成效，成为我国科技创新、彰显全球竞争力的一张新名片，在赋能千行百业、服务千家万户中发挥了积极作用。然而一段时期以来，网上出现了"5G无用论""5G投资浪费论"等论调。这些杂音，有的是误解，有的是无知，也有的是别有用心，干扰了5G的健康发展，影响了国家战略的顺利推进。《人民邮电》报基于专业的判断，决定用有力的数据、确凿的事实进行正面回应。同时，及时组织撰写《向新出发：5G持续为高质量发展注智赋能》分析文章，从技术突破、应用赋能、投资拉动三方面全面阐述5G发展成效，有力回击了"5G无用论"。策划推出"5G赋能千行百业"专栏，深入工业、矿山、电力、港口、教育、医疗等行业采访调研，全方位、多角度呈现5G赋能实体经济、改变百姓生活的生动实践和显著成效。

新时代新征程，《人民邮电》报将进一步深入学习贯彻习近平文化思想特别是习近平总书记关于新闻舆论工作的重要论述，更加自觉地践行"四力"，从政治高度、全局广度、民生温度准确把握信息通信行业发展大势，创新报道模式，打造精品内容，以正面的声音鼓舞人，以正确的舆论引导人，持续为行业高质量发展、加快建设网络强国和数字中国提供有力舆论支撑。

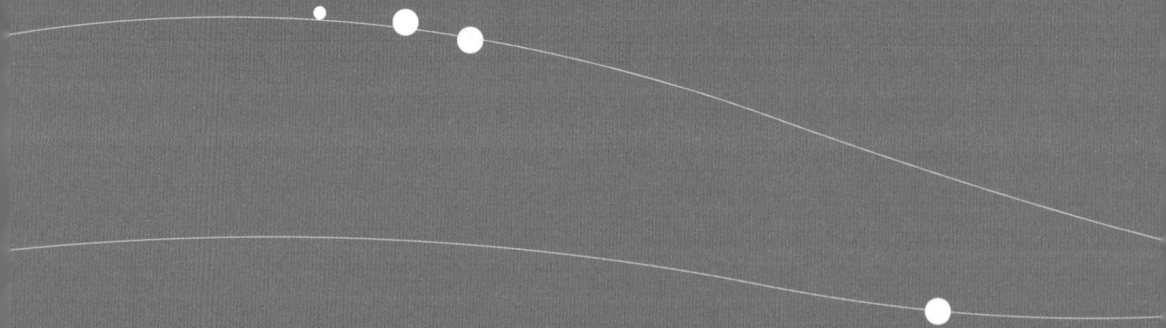

03 ┆ 观点
交流篇

新时代新闻工作者践行"四力"路径探析

——以人民法院新闻传媒总社2025年全国两会新媒体报道为例

人民法院新闻传媒总社党委副书记、总编辑

张守增

2018年8月，习近平总书记在全国宣传思想工作会议上指出："宣传思想干部要不断掌握新知识、熟悉新领域、开拓新视野，增强本领能力，加强调查研究，不断增强脚力、眼力、脑力、笔力，努力打造一支政治过硬、本领高强、求实创新、能打胜仗的宣传思想工作队伍。"2025年，人民法院新闻传媒总社在全国"两会"新闻宣传报道中，坚持党性和人民性相统一，结合新形式、新技术探索推出一系列新媒体作品。通过对部分作品策划、制作和推广过程的回顾分析，传媒总社努力拓展科技赋能媒体创作的有效路径，在实践中不断领悟新时代对新闻工作者践行"四力"提出的新要求、赋予的新意义，坚持走好新型主流媒体高质量发展之路。

一、拓展新模式新资源，"脚力"牵引采撷鲜活素材

"脚力"是新闻宣传工作的力量之源，是马克思主义实践观的生动体现。马克思

曾在《关于费尔巴哈的提纲》中指出："全部社会生活在本质上是实践的。"新闻的本源是事实，事实是第一性的，新闻是第二性的。新闻工作的灵感，正蕴含在社会实践中。深入实际调查研究，是做好新闻工作的基础。相较传统媒体，新媒体作品形态不仅涵盖文字、图片，还有音频、视频等，形式更多元，更要求记者奔赴现场，捕捉来自基层的最富有时代气息的鲜活素材，让读者听到、看到、感受到记者所感受的真实场景、真实故事。

积极探索直播手段，拉近受众与新闻现场的距离。2月28日，以《长江保护法》实施4周年为契机，人民法院新闻传媒总社联合10个生态环境司法保护（修复）基地，推出长达10小时的"从山顶呼叫海洋"慢直播，展现不同类型自然环境下人民法院落实山水林田湖草沙一体化保护和系统治理要求，一手抓办案、一手促治理的实践成果。直播画面既有高山雪地航拍，也有觅食的麋鹿、畅游的中华鲟，让网友零距离、零时差感受司法保护基地的别样风貌，以"慢"的方式"快"速传递真实现场，全网播放量近630万次。地方法院参与直播现场拍摄，与北京导播团队密切配合，实现延伸"脚力"的效率最大化。

坚持前往现场拍摄，夯实优质视频的内容基础。视频《司法守护吉光片羽——追踪深海谜案，是谁动了沉睡千年的宝藏》，通过深入采访和拍摄福建省漳浦县人民法院审理的一起团伙盗捞海底沉船文物犯罪案件，记录和展示人民法院在保护海上丝绸之路文物方面作出的努力探索和工作成效，全网阅读量超过100万。为完成该视频制作，记者组前往盗捞团伙出发的虎头山码头，跟随渔民出海前往事发海域，拍摄大量延时画面和空镜，用4K格式记录，同时采访拍摄专家、法官出镜素材；后期制作环节运用达·芬奇调色，以取得更加精准色彩还原，精心设计画面组接，在此基础上配以小剧场、配乐、特效、动画，形成一部展示法院全方位、立体式保护文物，兼具观赏性、技术性、新闻性的优质纪录片。

1 1. 慢直播《从山顶呼叫海洋》
2 2. 视频《司法守护吉光片羽——守护海上丝绸之路
　　篇》封面图

二、应对新形势新挑战，"眼力"洞察挖掘选题价值

新媒体选题策划环节十分考验"眼力"，要求采编人员对于法治新闻的价值看得见、看得准、看得深，要用专业的眼光去发现案件的亮点、打动群众的信息点，剖析其社会意义，从而体现新闻产品对于人民群众的深层次价值。提升"眼力"的根本着眼点在于广大受众的普遍关注点。毛泽东同志曾经指出："我们党所办的报纸，我们党所进行的一切宣传工作，都应当是生动的，鲜明的，尖锐的，毫不吞吞吐吐。"习近平总书记强调："要树立以人民为中心的工作导向，把服务群众同教育引导群众结合起来，把满足需求同提高素养结合起来，多宣传报道人民群众的伟大奋斗和火热生活，多宣传报道人民群众中涌现出来的先进典型和感人事迹。"这些深刻论断依然是我们在新媒体环境中开展新闻选题策划工作的重要遵循。

精心挑选案件，展示人民法院以审判工作现代化支撑和服务中国式现代化的生动实践。 2025年两会期间，人民法院新闻传媒总社开设"高质量发展背后的司法力量"专栏，3月4日至10日，围绕优化营商环境、非法引进外来入侵物种犯罪、外卖骑手等新业态工作者的权益保护、AI文生图著作权纠纷、外国当事人选择中国法院处理海事纠纷等主题推出5篇案例图文报道，其中3期稿件均获得最高人民法院微信公众号10万+浏览量。产品取得良好效果，不仅得益于稿件居中体、短句行文，以及图文与动效、视频结合等符合新媒体传播规律的形式特点，更胜在对案件细节和亮点的挖掘，新业态劳动者合法权益保障、AI文生图造成的侵权问题等，对于当前群众所关切的新兴领域法律问题，由浅入深层层剖析，以选题的影响力和社会意义提升了作品的传播价值。

着眼细微处化解宏大叙事，做到感染人心。 3月3日推出暖新闻视频《"暖"迹可循》，以细腻的画面和温暖的话语展现法院干警的温度，是法院新闻兼顾主流价值与受众喜好的另一策划角度。该视频以"暖迹"为线索，将散落在人民法院日常工作中的新闻素材精心编织，力求在公正与威严的"职业符号"外，呈现出真实立体、有血

有肉的法院干警群像。老人颤巍巍的手与孩子绽放的笑脸交织，盲文判决书上的凸点与急救鸣笛声共振……这种碎片化处理，让不同时空的善意形成交响，诠释了司法为民的深刻内涵。序幕以踏过山河的国徽为主线，将观众情绪悄然带入庄严而神圣的氛围；中章细腻描绘老人、孩童、残障人士、等待救援者等多个人物和群体的帮扶场景，展现了司法工作温暖辐射的广度与深度；终章用当事人致谢进行快剪处理，营造密集而强烈的情感冲击，百姓的笑容、泪水、掌声交织在一起，在情感共鸣中，司法工作的价值与意义得以充分体现。

三、催生新思路新创意，"脑力"引领塑造价值导向

习近平总书记指出："党性原则是党的新闻舆论工作的根本原则。党管宣传、党管意识形态、党管媒体是坚持党的领导的重要方面。"又在"坚持党性，新闻舆论工作才能有明确的立场和指向"。人民法院新闻传媒总社始终牢记司法新闻宣传领域主力军、主渠道、主阵地的职责使命，坚持党对新闻舆论工作的领导，坚持正确政治方向，站稳政治立场。在新媒体视域下，法治新闻工作的"脑力"不仅体现在准确把握案件和法律问题的重点与亮点，更体现在新的传播形式与内容如何完美结合，取得"1+1＞2"的效果，占领司法宣传阵地的舆论制高点。最高法工作报告的宣传解读是历年来人民法院新闻传媒总社两会报道的重点，我们持续探索将长篇报道文字转化为轻量化新媒体产品，让人民法院工作亮点信息有效进入人民群众视野。

采用以小见大的独特视角，呈现司法工作成就。3月8日，最高人民法院院长张军作最高法工作报告，工作报告首页二维码视频《快来，最高法工作报告内容抢先看》采用了与以往不同的表现形式，直击百姓关切，突出重点亮点，深度解析工作报告中的4个典型案例，聚焦严厉打击严重危害社会秩序犯罪、司法审判保护科技创新、遏制高额彩礼、促进社会主义法治精神深入人心等主题，由点及面、抽丝剥茧，清晰呈现报告重点内容。代表委员反馈称，视频效果震撼，令人印象深刻。

快来！最高法工作报告内容抢先看

最高人民法院 2025年03月08日 07:15 北京

126人

今天上午，张军院长将作最高人民法院工作报告，报告首页右上角，有一个二维码，里面有哪些精彩内容？快来抢先看！

1 2
3

1. 视频《"暖"迹可循》封面图
2. 2025年3月8日，最高人民法院工作报告首页二维码视频在官微发布
3. 《一镜到底！解锁最高法工作报告》视频截图

　　采用一镜到底的运镜手段，凝练核心叙事脉络。 3月8日，最高法新闻局、人民法院新闻传媒总社第一时间推出解读报告的创意三维动画视频《一镜到底！解锁最高法工作报告》，以电影级运镜，将法院大楼的庄严肃穆、庭审现场的紧张氛围和民生百态的烟火气息生动连接起来，带领观众沉浸式感受历史文化遗产与新时代司法守护的时空对话、数字法院的鲜活具象、对美丽中国建设的司法助力。在色彩设计上匠心独运，将传统美学颜色与动画三维场景深度交融，既传承了东方文化的精神内核，又以新时代媒体技术生动诠释了司法现代化的崭新发展图景，虚实相生，实现了"硬新闻"的"软着陆"。

四、拥抱新技术新应用，"笔力"突破焕新视觉效果

　　"笔力"是新闻工作者的基本功。能否用好新的传播技术，是新时代新媒体工作者"笔力"的重要体现。2019年1月，习近平总书记主持中央政治局集体学习时指出："从全球范围看，媒体智能化进入快速发展阶段。我们要增强紧迫感和使命感，推动关键核心技术自主创新不断实现突破，探索将人工智能运用在新闻采集、生产、分发、接收、反馈中，用主流价值导向驾驭'算法'，全面提高舆论引导能力。"行业媒体人要善于运用技术，发挥创意，让专业内容得以立体、多元、全景式呈现。

　　让技术服务于内容。 围绕人民法院调解工作主题，推出AIGC创意交互动画视频作品《调解之花盛开在幸福社区1号》，利用AI技术，搭建新时代社区场景，用AI动画对改编自真实案例的六大典型纠纷调解案例进行沉浸式剧情化演绎，生动还原调解现场，通过交互程序设计让观众沉浸式感受调解"和"的力量。媒体同行和技术领域专家反馈，此次创意设计具有很强的创新性，既是内容叙事层面的创新性表达，也是交互算法技术领域的创新性探索和设计，因其承载大量视频内容和交互程序设计，是在坚守内容策划思路上实现技术突破的一次有益尝试。该作品播发后不久，就在最高人民法院微信公众号获10万+阅读量。

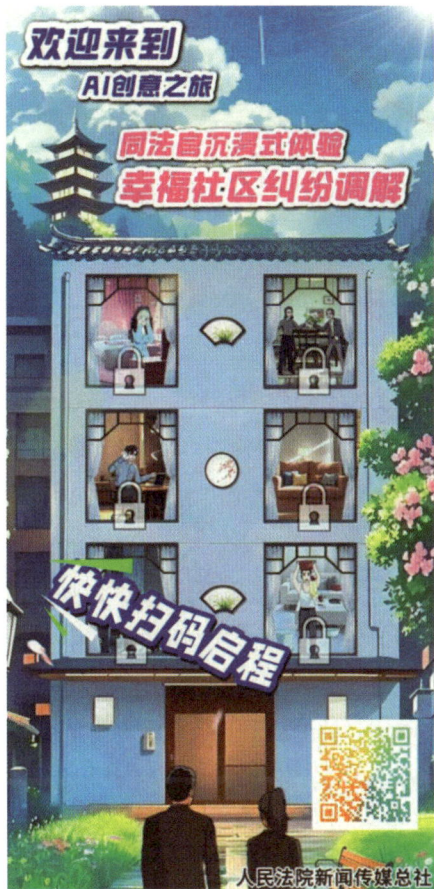

轻轻敲下回车键
一场"按键伤人"的网络暴力
变成隐藏在屏幕之后的利刃
足以压垮一个素未谋面的人

网络暴力到底有多可怕？

**如果这些话落在"我"身上
"我"该怎么办？**

1 1. AIGC创意交互动画视频作品《调解
2   之花盛开在幸福社区1号》
  2. AI短视频《如果这些话落在"我"身
     上……》

以形式创新讲述新闻事实。真实是新闻的生命线，是新媒体作品赢得人心的必备要素。如何运用AI创新作品形式，同时牢牢守住"真实"的底线，是媒体人当前不可回避的必答题。大会期间，人民法院新闻传媒总社与百度公司联合制作推出AI短视频《如果这些话落在"我"身上……》。聚焦网络暴力，虽是运用AI技术生成的虚拟视频画面，但其真实再现了人民法院依法惩治网络暴力犯罪的案例。其真实性不仅体现在对社会问题的真实反映，还体现在对最高法工作报告中严惩网络暴力犯罪内容的数据支撑，震慑效果显著。

让正能量释放大流量。运用VR绘画、AIGC等新技术，推出视频《VR绘画一来，心情都发芽了》，呈现人民法院10年来环境资源审判的工作成效。人民法院新闻传媒总社视频制作团队运用VR绘画技术在3D空间中作画，以泼墨技法与淡彩配色的国画风格，沉浸式还原绿水青山的生态之美；运用AIGC图生视频技术，制作了白鹭、中华鲟等动物的动态效果；运用MR混合现实技术，通过绿幕实时抠像，实现真实演员与画融合、与画互动的特效。这种利用虚拟现实技术进行艺术创作的方式，突破传统屏幕、二维绘画的限制，通过艺术形式唤起人们对环境保护的关注，以唯美的视觉效果烘托出润泽绿水青山的法治力量。

新时代新闻工作者践行"四力"有新的标准要求。媒体技术赋能发展至今，早已不再仅仅"秀技术"，而更要"比观念"。经过近年来对全国两会报道的探索，人民法院新闻传媒总社在发展新媒体工作中逐渐形成共识，只有秉持真材实料的本源观、真情实感的叙事观、真心实意的受众观，才能把握住技术赋能创作的内核，生产有社会价值的新闻作品。未来，人民法院新闻传媒总社将在主流媒体系统性变革的任务框架下，继续探索创新数字技术与重大主题报道的有机结合，坚持守好初心、做好内容，不断拓展思路、积累经验，助力法治中国建设，推动行业媒体高质高效融合发展。

《VR绘画一来，心情都发芽了》

胸中有魂　行动有方　脚下有力

· ·

中国应急管理报社有限公司党委书记、董事长、总经理
崔涛
· · · · · · · · · ·

2024年7月8日22时31分，湖南岳阳市华容县洞庭湖一线堤防决口完成合龙，一直坚守在现场的本报记者第一时间进行了报道，合龙现场短视频10分钟内完成发布，半小时内推出融媒体报道。

2024年3月25日，《中国应急管理报》头版头条报道了山东济南炼化"发现隐患有功，避免事故有奖"的做法，引起行业广泛关注。该公司总经理也因此受邀出席了应急管理部召开的专题新闻发布会，挖掘于基层企业的典型经验最终被推广至全国。

应急管理涉及安全生产、防灾减灾、应急救援等多领域交叉，事关人人、事事、时时、处处，在车间一线、矿井深处，甚至街头巷尾，都有我们的身影；在震区、火场、抗洪抢险一线，都及时传出我们的声音，这就是应急管理新闻宣传的内核。作为应急管理系统主流媒体，近年来，中国应急管理报社深入践行习近平总书记关于增强"脚力、眼力、脑力、笔力"的重要指示精神，持续开展"新闻精品工程"建设，围绕应急管理中心大局，深入现场一线、深挖基层实践，通过有深度、有温度、有力度的新闻报道，积极展现应急管理事业高质量发展的多维图景。

一、政治引领：坚定正确新闻志向，胸中有魂

党性原则是党的新闻舆论工作的根本原则。习近平总书记指出，要承担起新闻舆论工作的职责和使命，"必须把政治方向摆在第一位"。《中国应急管理报》作为应急管理部机关报，是党在应急管理战线的喉舌，近年来，报社将"媒体是党的媒体，每一名同志都是党的新闻工作者"的身份意识教育作为政治建设的基本内容持续强化，并将"牢固树立'党的人''新闻人''应急人'职责意识"作为着力点，把旗帜鲜明讲政治贯彻落实到应急管理新闻宣传工作的全过程、各方面。

做党的人，政治上信得过。报社始终把学习贯彻习近平新时代中国特色社会主义思想作为首要政治任务，全面学习贯彻党的二十届三中全会、习近平总书记关于应急管理的重要论述等，持续强化干部职工政治责任意识，牢记自己手中的笔是为党服务的，自觉服从党的领导，站稳政治立场，坚决做到"真心爱党、时刻忧党、坚定护党、全力兴党"。

做新闻人，业务上过得硬。随着时代发展、传媒业态变革，在"乱花渐欲迷人眼"的新闻信息面前，传递正向、受众信任、持续受关注的事实、真相、观点、思想才能称得上"主流"。近年来，报社坚持"导向为要、内容为王、渠道为本、受众为基"，着力强化干部职工"举旗帜、聚民心、育新人、兴文化、展形象"的职责使命，对照应急管理事业改革发展要求，不断提高新闻宣传质量和水平。

做应急人，在专业上立得住。作为应急管理战线宣传思想文化工作的主渠道、主阵地、主力军，报社围绕应急管理核心职责，突出应急管理领域的专业性和特殊性，大力做好政策宣传、形势宣传、成就宣传、典型宣传和警示宣传，讲好应急管理故事，传播好应急管理声音，助力应急特色文化建设，树立应急管理好形象，为应急管理体系和能力现代化建设提供有力舆论支撑。

二、选题深耕：围绕中心服务大局，行动有方

全媒体时代，行业媒体必须突出"主流地位"，坚持"内容为王"。报社始终在做好选题策划上下功夫，发挥行业优势，精心栽花、定向播种，各媒体平台同频共振，以专业化权威化的宣传内容，营造舆论强势，以多元化的宣传角度，丰富报道方式，以精准化的宣传重点，满足主体需求，持续提升影响力。

重大主题报道找准切入点。"唱响主旋律、传播正能量"是主流媒体的职责所在，而重大主题报道是主旋律报道的重中之重。作为行业媒体，报社在重大主题报道中从不缺位，始终把宣传好阐释好习近平新时代中国特色社会主义思想作为首要政治责任，在大主题下找准应急视角，深入一线挖掘，小切口、多角度生动展示应急人深入践行习近平总书记重要指示精神、走好新时代应急管理之路的务实举措。

行业领域报道要找准关注点。报社各平台始终围绕应急管理这一中心，紧跟行业热点、工作重点，每月、每周定期召集编委和采编部门负责人召开选题会，就应急管理部党委部署的重点工作、应急管理行业当下的热点焦点信息，以及一线记者向报社反馈的受众关心的难点堵点问题等，有针对性地进行策划和采编提示，分解任务到采编各部门、个人，并在每日编前会上跟踪督办，持续提升媒体影响力。

突发事件报道突出权威性。作为应急管理行业主流媒体，做好重大突发事件报道，强化突发事件舆情引导，是一个重要课题。报社制定并持续完善突发事件应急报道预案，即知即动，第一时间选派骨干记者深入一线，后方联动，及时设置重要议题，并持续调整报道方案，第一时间发布权威新闻，并同步做好解读、评论、科普等配合报道，以报道得及时、准确、客观、公正、全面，突出行业主流媒体的权威性，关键时刻不失语、重大问题不缺位，为有关工作开展提供正向舆论支撑。

1　2
3　4

1. 2024年汛期，《中国应急管理报》记者黄雄在湖南华容团洲垸抢险救灾一线采访

2.《中国应急管理报》记者刘冰在国家能源集团乌海能源公司公乌素煤业公司井下采煤工作面采访

3.《中国应急管理报》记者闫静在青海省同德县乃亥村村民家中，了解同德县应急管理局原党委书记、局长邓官杰生前帮扶村民的故事

4. 河南郑州"7·20"特大暴雨灾害，《中国应急管理报》记者胡泊在郑州地铁五号线救援现场报道

三、深挖"现场"，既看天气也接地气，脚下有力

脚下"沾泥土"，报道才能"接地气"；记者有"脚力"，稿件才能有活力。近年来，报社以开展"新闻精品工程"建设为抓手，积极践行"走转改"，按照"在路上、到现场、去一线"的原则，大力推动记者深入基层，深入救援现场、行业一线，采写鲜活报道，推出了一批传得开、叫得响的新闻作品。

既服务大局，又联系基层。 新闻舆论工作做得怎么样，关乎大局。报社始终坚持把握应急管理发展大势、着眼大事，在围绕中心、服务大局和聚焦基层实践、做好联系基层桥梁纽带上找准切入点和着力点，切实把两者有机统一起来，增进共识、凝聚力量。针对党中央、国务院安全生产委员会等作出的全局性、战略性决定和部党委作出的重大决策部署，报社均第一时间发声，答疑解惑、解读政策，准确传播党的主张和声音，同时把准基层脉搏，通过蹲点调研、实地采访、定点约稿等方式，派记者深入一线观察基层实践效果，挖掘各地贯彻落实的典型经验做法，助力决策部署落地见效。如中共中央办公厅、国务院办公厅《关于进一步提升基层应急管理能力的意见》发布后，中国应急管理报社采编人员组织专家解读，逐条筛选报道方向，挖掘一线典型、推介基层经验，形成持续性系列报道，为全系统提供了学习样本和参考。

既寻"痛点"，又找"药方"。 中国应急管理报社始终坚持以人民为中心的工作导向，把群众、受众满不满意作为衡量工作成效的重要标尺，紧紧围绕群众关注的应急管理领域重点热点难点痛点问题和基层存在的短板不足，找"真问题"、抓"金点子"、开"药方子"。如开设《读者之声》《微言》等栏目，让群众发声，切实反映基层真问题；俯下身、沉下心，扎根基层实际，聚焦各地在防范化解安全风险、防灾减灾救灾等工作中的短板弱项，察实情、说实话，相关报道不仅得到有关领导关注批示，也获得群众认可，切实成为促进应急管理事业发展的积极推手。

既求速度，又有温度。 习近平总书记多次强调，新闻舆论工作关键是要提高质量和水平，把握好时度效。重大突发事件尤其是重大事故、自然灾害等的舆论引导，

关系社会稳定、人心安定。作为"应急人",报社在突发事件报道中,时刻保持"随时""全时"状态,面对"新疆阿克苏7.1级地震""梅大高速塌方""陕西丹宁高速桥梁垮塌"等重大突发事件,媒体平台10分钟内快速响应,半小时内发布权威新闻;在汛期,报社记者深入广东、浙江、江西、湖南救灾一线采访报道,主动、及时发出权威声音,有针对性回应社会关切,既争抢"第一落点",又找准共鸣点,长线跟进一线救援、灾后重建,以及原因剖析、科普宣传等工作,把握"第二落点",形成正面舆论强势,牢牢掌握舆论主动权。

得益于全社会对应急管理工作的关心和关注,近年来报社发展焕发出勃勃生机,社属媒体规模和种类不断壮大,媒体传播力、引导力、影响力、公信力不断提升,《中国应急管理报》连年入围"中国邮政发行百强",2024年列第12位,并于2024年获得中国新闻奖。下一步,报社将继续紧密围绕应急管理事业改革发展,持续推动"走转改",深入推进媒体融合,锚定"建设党和人民放心的应急管理新型主流媒体"目标奋勇前进!

在践行"四力"中全面提升
税务新闻传播效能

· ·

中国税务报社党委书记、社长
付树林

· · · · · · · · · ·

近年来，中国税务报社在税务总局党委和中国记协的坚强领导下，在中国行业报协会的精心指导下，深入学习贯彻习近平文化思想，组织编辑记者认真践行"四力"要求，全面提升新闻传播效能，讲好中国税务故事，唱响中国经济光明论，为税收在国家治理中发挥基础性、支柱性、保障性作用营造良好舆论氛围。

一、在强基固本中淬炼践行"四力"

抓好党建引领，强"脑力"。中国税务报社坚持政治家办报原则，把对党的创新理论的学习成果转化为引领报社高质量发展的行动指南。充分利用报社党组织各类会议、青年理论学习小组、团支部各项活动，组织编辑记者先学一步、深学一层，持续不断学习习近平新时代中国特色社会主义思想和习近平总书记最新重要讲话、重要指示批示精神，坚定拥护"两个确立"，坚决做到"两个维护"，打造一支具有坚定党性原则、较高理论素养、过硬政治能力的采编队伍。报社第一党支部获评中央和国家机关"四强"党支部，一名党员获评中央和国家机关"四好"党员。

抓好转变作风，强"脚力"。报社制发《中国税务报社2023—2027年战略规划》，滚动实施《青年干部培养三年行动计划（2024—2026年）》，强化制度机制保障，引导编辑记者迈开双腿，勤练"脚力"走出去，做到俯下身、沉下心，努力推出有思想、有温度、有品质的作品。同时，建立覆盖税务总局全部司局的记者跑口制度，全面掌握司局工作动态和宣传服务需求，鼓励引导编辑记者从相关司局"跑"新闻、"挖"新闻。

抓好选题策划，强"眼力"。中国税务报社层面坚持每天一次的编务会制度和每月一次的选题策划会制度，各编采部门坚持选题策划随时进行，对重要选题做到长打算、短安排。在选题策划会上，社领导、部门主任、记者编辑积极发言，以不同视角交流讨论，提高选题策划的针对性和实效性。同时，报社成立综述写作小组、融媒体工作小组、内参写作小组、评论写作小组，让记者编辑择己所长、尽展其才，让报道更加贴近实际、贴近基层、贴近读者。

抓好精品报道，强"笔力"。报社一方面坚持培养复合型人才，为记者编辑提供高质量培训，组织记者编辑参加"记者之家"大学堂，面向各地记者站和骨干通讯员组织开展新闻业务培训和税收宣传实训沙龙，有关做法获中国记协领导同志批示肯定。另一方面树立新闻精品意识，加大对好作品的激励力度，坚持开展月度、年度"五好"奖（好策划、好稿件、好版面、好标题、好图片）评选，鼓励记者编辑多采写有成色的新闻作品。

二、在"四个聚焦"中推动践行"四力"

聚焦"第一选题"。中国税务报社坚持把宣传阐释习近平新时代中国特色社会主义思想作为首要政治任务，把"第一议题"及时转化为"第一选题"，把"第一选题"及时转化为"头版头条"。例如，在习近平总书记考察各地发表重要讲话后，第一时间组织记者编辑采写税务系统的热烈反响报道，并将其作为"规定动作"。同时，开设"沿着总书记足迹"专栏，组织记者编辑深入基层采访，报道各地税务部门学习

1
2

1. 中国税务报社坚持政治家办报原则，常态化开展党的创新理论学习，努力打造具有坚定党性原则、较高理论素养、过硬政治能力的采编队伍

2. 中国税务报社制发系列文件，激励引导编辑记者转变作风，深入践行"四力"要求，努力采写有思想、有温度、有品质的新闻作品

贯彻习近平总书记关于税收工作重要论述的举措成效。

聚焦重大主题。在党和国家举办重要会议、重大活动及出台重大决策部署等时间节点，中国税务报社第一时间组织记者、编辑，及时准确做好报道，确保关键时刻不缺位，同时也在关键时刻锻炼队伍的"战斗力"。例如，近年来围绕党的二十大、党的二十届三中全会、全国两会、庆祝中华人民共和国成立75周年、中央经济工作会议等重大主题，组织骨干记者编辑建立工作小组开展专题报道；聚焦国家重大发展战略组织调研报道，如在2024年苏州工业园区开发建设30周年之际，报社记者前往园区深入调研采访撰写的系列重头稿件，刊发后得到当地党政领导的肯定和官方媒体的转载。

聚焦税收中心工作。中国税务报社始终紧扣税收中心工作，及时宣传报道党和国家的税收政策，充分展示税务部门在持续深化依法治税、以数治税、从严治税一体贯通，持续打造效能税务方面的举措和成效。例如，围绕服务培育新质生产力、落实"高效办成一件事"、服务全国统一大市场建设、服务"两新"行动、打击偷逃税等重点工作，推出一系列深度报道，展现高质量推进中国式现代化税务实践的丰硕成果，营造良好涉税舆论氛围。

聚焦全媒体建设。中国税务报社按照党的二十届三中全会通过的《中共中央关于进一步全面深化改革、推进中国式现代化的决定》部署，制定实施《报社关于构建全媒体生产传播工作机制和评价体系 提升新闻报道质效的工作方案》，加快推进全媒体生产传播能力建设，不断完善"策、采、编、发、评"体制机制，逐步构建起"报、网、端、微、屏"融合发展的全媒体传播矩阵。同时，我们还承担税务总局官网和新媒体运维工作，为全国多地税务机关提供新媒体账号运维和产品制作服务，构建起的"1+1+N"一体化新媒体服务体系，并被国家新闻出版署评为媒体深度融合发展创新案例。

1
2

1. 2024年，中国税务报微信公众号入选第二届中国行业媒体融合发展创新案例

2. 在2025年"新春走基层"活动中，中国税务报记者走进企业车间，对大规模设备更新政策落地情况开展采访报道

三、在守正创新中深化践行"四力"

在扎根一线中提升实践能力。中国税务报社持续引导记者编辑投身社会实践的"大熔炉",深入一线调研采访,推出了一大批报道力作。例如,在近几年的"新春走基层"活动中,报社越来越多的编辑记者奔赴工厂企业、城市社区、乡村田野、税务一线,作品数量大幅增加,质量明显提高。相关作品荣获中宣部、中国记协和中国行业报协会"新春走基层"活动优秀作品等。

在洞察行业中培养观察能力。中国税务报社立足国家发展大局,扎根行业、服务行业,不断放大专业优势,把记者、编辑培养成专业人才。例如,依托《税务内参》,报社调动全体记者编辑力量,聚焦国之大者、税之要事和民生关切,深入开展调查分析,采写了一批有深度、有情怀的内参稿件。自报社内参编辑部成立以来,撰写的每一篇内参稿件都得到税务总局领导的批示肯定。

在全局视角中培养见解能力。对于新闻报道而言,不仅要求编辑和记者掌握新闻写作技巧,更要提升"政治三力"(政治判断力、政治领悟力、政治执行力)。中国税务报社旗帜鲜明地加强习近平新时代中国特色社会主义思想宣传,推出了一批有高度、有见解的新闻作品。例如,报社聚焦习近平总书记到地方考察时走进的企业,组织记者走进企业开展回访,在报纸头版刊发了《走进习近平总书记考察过的企业》,该期版面被中国国家版本馆收藏并展出。同时,《中国税务报》的报道立足于行业,又不局限于行业。例如,在"经济百强县税收调研行"系列报道中,多个作品在《中国税务报》微信公众号发布后短时间内阅读量突破10万+。

下一步,中国税务报社将始终坚持以习近平新时代中国特色社会主义思想为指导,深入学习贯彻习近平文化思想,紧紧围绕党中央决策部署,按照税务总局党委和中国记协要求,进一步引导全体编采人员以"脚力"深入税收一线、以"眼力"洞察新闻价值、以"脑力"深入思考分析、以"笔力"生动呈现税务行业新闻,用打动人心的新闻作品讲好中国税务故事,在高质量推动中国式现代化生动实践中贡献更多更大税务新闻人的力量。

着力提升"四力" 讲好生态文明故事

中国绿色时报社社长、总编辑

刘雄鹰

习近平总书记强调:"宣传思想干部要不断掌握新知识、熟悉新领域、开拓新视野,增强本领能力,加强调查研究,不断增强脚力、眼力、脑力、笔力。"这一重要论述,为新形势下加强宣传思想战线队伍建设、做好宣传思想工作提供了根本遵循和行动指南。林草行业媒体新闻工作者必须扎实践行"四力",以"脚力"丈量绿水青山、以"眼力"捕捉生态之美、以"脑力"求索"两山"转化、以"笔力"记录绿色变迁,着力讲好生态文明与美丽中国建设故事,真实记载林草改革发展的时代进程,生动反映高水平保护和高质量发展的工作实践,全面呈现人与自然和谐共生的动人图景。

一、把握"四力"的实践要求

对于新闻工作者来说,"四力"十分重要。"脚力"是基本功,就是深入基层、深入实际、深入群众,通过实地采访和调研,掌握丰富鲜活、真实可靠的第一手素材。"眼力"是核心能力,就是善于洞察时代发展趋势和事物变化规律,寻找和发现新闻线索。"脑力"是硬本领，就是善于把握问题实质和新闻价值，通过分析提炼，从感性认识上升到理性认识，产生有深度、有内涵的思想观点。"笔力"是硬实力，就是以过硬笔触，及时传递新闻信息，精准表达思想观点，写出精品力作。

迈开步子，提升"脚力"。新闻工作者要扑下身子，迈开双腿，走进基层，走进生活，脚上沾泥带土，笔头才能接地气冒热气有灵气，写出富有鼓舞力感召力吸引力的新闻作品。要站稳群众立场，着眼群众的急难愁盼和愿望诉求，反映群众心声、回应群众关切，更好地服务群众、宣传引导群众。在党的新闻事业发展史上，那些群众喜闻乐见、耳熟能详的优秀新闻作品，无一不是深入基层采访、深入调查研究而产生的。如《县委书记的榜样——焦裕禄》，就是穆青六访兰考、八下扶沟、四赴宁陵、八下辉县、两上红旗渠，与新华社同事共同采写的。

勤于观察，提升"眼力"。每个时代总有属于它自己的问题，只要科学地认识、准确地把握、正确地解决这些问题，就能够把我们的社会不断推向前进。找到问题、发现新闻，是新闻工作者的基本能力；找到问题症结、推动问题解决，是新闻舆论工作的重要职责。新闻工作者要练就"火眼金睛"，勤于观察、敢于发现，善于判断、精于辨别，在海量信息中发现新闻，在复杂现象中捕捉细节，在变化的事态中把握规律。只有这样，写出的新闻作品才有穿透力、说服力，才有可读性、实用性。

善于思考，提升"脑力"。"脑力"体现一个人的思想水平、理论素养和政治能力。新闻工作者在采编过程中，不仅要用眼"观察"、用嘴"提问"，还要用脑"思考"，"既见人之所见，亦见人之所未见"，透过表象看本质，深入剖析其深层原因，揭示其重要意义。当前，人工智能蓬勃发展，人工智能辅助自动化新闻生产已见雏形，如何甄别正确信息、选择有效信息、传播重要信息，必须依靠"脑力"。新闻工作者只有不断增强"脑力"，做好新闻采集、生产、分发、接收、反馈，才能提升信息传播水平和舆论引导能力，进而提高新闻舆论传播力、引导力、影响力、公信力。

多写多练，提升"笔力"。党历来重视"笔杆子"，党的事业发展离不开"笔杆子"。当好"笔杆子"，需要功底功力，需要苦学苦练，需要灵性悟性，需要沉得住气、坐得住冷板凳。增强"笔力",就要深入调研采访、用心观察思考、注意提炼总结,使新闻作品吸引人、打动人,传得开、传得远,使正确的思想信念、人生理念、价值观念入脑入心。同时,要倡导短、实、新的文风,用清新文风、简洁笔墨描绘波澜壮阔的时代画卷,让党的政策"飞入寻常百姓家",让宣传起到春风化雨、润物无声的效果。

二、以"四力"传播生态文明

林草工作重点多在山区、林区、沙区、草原区,林草新闻"富矿"藏在森林、湿地、草原、荒漠。近些年来,林草行业媒体积极践行"四力",聚焦主责主业,以多种形式反映林草改革创新、记录生态文明、报道美丽中国。

走基层,妙笔写春意。在每年"新春走基层"活动中,中国绿色时报社组织记者和通讯员利用回乡探亲、专程调研等方式,进行深入采访,撷取林草一线最鲜活的素材,发掘最真诚的故事,推出一批有生命、能共情的作品。如《大年初一北京义务植树尽责活动一位难求》《岗位在这里,责任就在这里》《插岗梁林海中的新春守夜人》《深山守岁人:我们的年是这样过的》《大山深处,严寒阻不断巡护路》等。这些作品呈现了基层林草工作者日常工作场景,反映了他们忠于职守、爱岗敬业的精气神,广受好评。

寻热点,持续出精品。每年全国两会期间,中国绿色时报社报网微平台及时刊发、转发两会时政要闻,解读《政府工作报告》涉林草内容,通过采访人大代表、政协委员,热议政府工作报告中的林草工作重大部署。在重要节点组织开展专题宣传,例如,2024年6月推出"三北"工程攻坚战一周年4篇综述、5篇评论和系列海报、长图和短视频;9、10月在中央《林改方案》实施一周年之际,推出集体林权制度改革综述、系列公益海报和18个访谈、7篇专家解读;10月推出国家公园设立三周年特别报道"1+5"系列综述、系列海报,"国家公园全民共建共享·大家谈"10篇。2025年是"绿水青山就是金山银山"理念提出20周年,《中国绿色时报》开设"两会访谈 共话两山理念"专栏,采访报道浙江安吉余村党支部书记汪玉成等8名代表委员对"两山"的认识、感悟。

04 中国绿色时报

深化集体林改公益海报

中国的集体林改故事

绿水青山 生态美
金山银山 百姓富

中国绿色时报社

中国绿色時報
CHINA GREEN TIMES

2024年6月4日 星期二

“三北”工程攻坚战特别报道①

沙海鏖战 绿潮兴涌

——打好“三北”工程攻坚战三大标志性战役一周年综述

沙地歼灭战成就温带稀树草原

——内蒙古克什克腾旗防沙治沙一线探访

打造山水林田湖草沙系统治理新典范

——二论打好打赢“三北”工程攻坚战

四川林业有害生物春防任务全面完成

神农架与8所高校签订36个合作项目

三北工程攻坚战

绿美广东再次掀起“绿色”风潮

“三绿”并举

1 2

1. 深化集体林改公益海报
2. 2024年6月4日报纸一版打赢“三北”工程攻坚战报道和评论

善思考，报道见深度。2023年11月16日第22期《求是》杂志发表习近平总书记重要文章《推进生态文明建设需要处理好几个重大关系》，强调要正确处理高质量发展和高水平保护的关系。中国绿色时报社及时策划推出"林草高水平保护促进高质量发展系列述评"7篇，全景式再现高水平生态保护的行动和高质量发展的成就。2025年1月，策划"绘就绿水青山新画卷"系列报道，推出《全力挺进扩绿主战场》《全面加施护绿行动力》《致力开掘兴绿活力源》《精心擘画绿富同兴图》《合力共筑绿色家园梦》5篇作品，深度呈现了林草改革创新、推进扩绿兴绿护绿的举措和成效。

写佳作，唱响主旋律。近年来，中国绿色时报社记者坚持带着问题去采访，"调"与"研"相结合，写出许多有分量的作品，积极反映我国生态文明建设的生动实践，充分展现昂扬向上、攻坚克难的精神风貌。其中，《探秘亚洲象社区人象冲突和解之道》《守望最美国土　共绘锦绣河山——首批国家公园建设的不懈探索与成功实践》《美丽中国相册·"三北"工程》系列报道获得业内肯定。

三、守正创新做好宣传工作

新时代是一个大变革、大发展、大跨越的历史时期，新创造、新经验、新成果不断涌现，新情况、新问题、新矛盾不断出现，舆论环境和意识形态日趋复杂。宣传工作者必须积极参与，通过报道事实、输出观点和持续发声来促进稳定发展、推动社会进步。面对新形势新任务，中国绿色时报社将进一步提高政治站位，持续增强"四力"，全力做好林草新闻宣传工作。

深化主题宣传。持续深入宣传习近平生态文明思想，传播"绿水青山就是金山银山"理念，推广山水林田湖草沙一体化保护和系统治理的模式经验，推出林草改革创新的典型案例。重点组织开展"三北"工程攻坚战、国家公园建设、野生动植物保护、集体林改、林草产业、古树名木保护、湿地保护、森林草原防火和松材线虫病防治等主题宣传活动。做好林草节日、重要节点宣传，加大林草发展成就宣传、科普宣传力度。

1

2

1.《中国绿色时报》记者参加"三北"工程攻坚战在行动媒体行
　活动，采访内蒙古临河区新华林场

2.《中国绿色时报》记者参加"三北"工程攻坚战在行动媒体行
　活动，采访内蒙古临河区新华林场

推进融合宣传。顺应人工智能、大数据技术发展和全媒体智能生产趋势，聚焦移动化、轻量化、智能化、可视化，提升内容生产的智能化水平。中国绿色时报社倡导记者编辑要当全媒体记者编辑，做到举机能拍、对镜能讲、提笔能写，做好全媒体报道。持续推进融媒报道，制作优质视频产品，多出原创融媒精品，健全完善林草宣传数据库。同时，与中央新闻媒体联动，与相关单位、地方林草部门互动，提供定制宣传服务。

创新话语体系。鼓励记者深入基层、深入群众，察实情、摸实底，多掌握第一手资料，反映社会真相、人生真理、生活真谛、群众真情，多出沾泥土、冒热气的作品，让群众爱听爱看、产生共鸣。坚持守正创新，运用新手段、新方法、新语言，做出新特色，善于运用群众语言和网言网语，用群众能听懂的土话、乡音把大道理讲明白。加强正面宣传，弘扬正能量，唱响主旋律，树立新风尚。

强化能力素质。引导报社全体新闻工作者自觉做到心中铸忠诚，旗帜鲜明讲政治；眼中有中心，自觉讲大局；心里装事业，甘于作奉献；肩上扛责任，主动来担当。秉持新闻的初心、理想与激情，做党的政策主张的传播者、时代风云的记录者、社会进步的推动者、公平正义的守望者。在理论学习、深入研究、宣传策划、采访写作上下功夫，着力提升新闻宣传工作能力和水平。

胸怀"国之大者"
以"四力"为犁铧深耕"三农"沃土

——中华合作时报社践行"四力"推动媒体融合高质量发展

· · · · · · · · · ·

中华合作时报社党委书记、社长、总编辑

曾峰

· · · · · · · · · ·

奋进新时代,纵笔书新篇。习近平总书记强调,新闻工作者要不断增强"脚力、眼力、脑力、笔力",这是新时代新闻舆论工作的核心要求,更是行业媒体守正创新、服务大局的根本遵循。

作为立足供销、面向"三农"的行业媒体,中华合作时报社胸怀"国之大者",以"四力"为纲,以"供销视角"为切口,深入贯彻落实习近平总书记关于"三农"工作的重要论述和关于供销合作社工作的重要指示和批示精神,通过机制创新、技术赋能、协同联动,为推进乡村全面振兴、加快建设农业强国凝聚精神力量。

一、扎根泥土

用脚力丈量供销热土 触摸基层实践的源头活水

"脚力"是新闻生产链条的起点,是记者职业素养的基石。在信息碎片化、传播去中心化、内容多元化的当下，强化"脚力"能对抗浮躁文风，推动新闻回归事实本质，实现舆论引导与社会服务的双重使命。

乙巳新春，为深入学习贯彻落实习近平总书记关于供销合作社工作的重要指示批示精神和关于媒体融合发展的重要论述，中华合作时报社立足行业特色，聚焦行业亮点，以"供销年货集市"和"万象耕新"为双主题，开启一场纵贯南北、横跨东西的新春叙事——中华合作时报社40余名融媒体记者分赴东北黑土地、江西革命老区、粤港澳大湾区等近20个省级行政区，推出大量通讯、短视频、评论等融媒体作品。融媒体团队在消费新场景中感受市场活力，在流通新业态中洞察消费趋势，在产业新面貌中触摸经济脉搏，在城乡新生活中聆听时代足音，以强有力的融媒体产品生产和传播，迸发"1+1＞2"的传播势能。

信念托举新闻理想，行走见证中国发展。在青海大浪滩，中华合作时报社记者穿越无人区，记录供销合作社人克服高原反应，扎根荒芜之地，在极端艰苦的环境里将茫茫戈壁变为火热的钾肥基地，保障国家粮食生产；在西藏玉麦乡，中华合作时报社记者穿越海拔5000米的雪山垭口，记录"家是玉麦 国是中国"的基层供销合作社人为守边牧民配送物资的日常，展现供销合作社在祖国边陲保障民生、凝聚人心的独特价值；在甘肃盐池湾乡，中华合作时报社记者蹲守"雪山脚下的供销社"24小时无人售货点，见证供销合作社"服务农民生产生活综合平台"的定位在雪域高原扎根生长。

调查研究是做好各项工作的基本功。习近平总书记指出："重视调查研究，是我们党做好领导工作的重要传家宝。"中华合作时报社始终坚持深入基层采访调研，开展"中合观察——供销合作社服务乡村振兴联合调研""问路改革——社有企业高质量发展调研""春耕生产大调查"……只有走下去，走到基层去，走到大有可为的广阔天地去，才能看到真正的中国。

1. 2025年2月7日中华合作时报A1版、A2版"新春走基层"专版，中华合作时报社以"供销年货集市"和"万象耕新"为双主题，开启一场纵贯南北、横跨东西的新春叙事

2. 中华合作时报社记者在雪山脚下采访西藏自治区那曲市申扎县供销合作社总经理旺扎

二、穿透万象

以"眼力"洞察供销大势　锚定时代命题的价值坐标

"眼力"是新闻工作者从"看见"到"洞见"的关键跨越。

在信息爆炸与价值多元的时代，眼力既是发现真相的"显微镜"，也是把握时代的"望远镜"。这不仅是发现新闻的能力，更是以专业视角解构改革、用创新话语重构共识的实践智慧。

从现象中提炼本质、从趋势中锚定价值的能力，决定了媒体能否从"现象报道"到"价值彰显"的舆论引导。对于深耕"三农"领域的中华合作时报社而言，强调眼力既是行业媒体服务乡村振兴战略的必然要求，也是破解供销合作社改革深层命题的关键支撑。

以供销视角洞察"三农"大势，站在"三农"高度聚焦供销合作事业，中华合作时报社积极构建"数据敏感度+田野洞察力+价值提炼力"的三维能力体系，将供销合作社改革议题从"行业新闻"升维至"国家治理现代化"的价值坐标。

在《一夜倒伏？河南小麦怎样了》中，我们看到农业生产的不确定因素背后，还有更多的挑战需要应对，还有更多的农业社会化服务需要推进；在《春耕生产大调查》中，我们看到的不只是春耕，更是保障粮食安全与农业强国建设的深刻交融；在《社村共治　乡村治理新地标》中，我们呈现了供销合作社在基层的生动实践，更看到了合作在助力乡村全面振兴中释放出来的蓬勃生机。

当数据洞察与田野足迹交织成经纬线，当价值坐标与时代命题同频共振，中华合作时报社正努力以眼力丈量改革纵深，洞察发展脉动。

三、淬炼思想

凭"脑力"铸就思想高度　构建舆论传播的灯塔体系

新闻工作者需要在穿透万象中锚定方位，在深耕时代中书写答卷。"脑力"是透过现象看本质的关键能力。唯有透过现象深入思考，才能抵达新闻本质，让新闻报道及舆论传播创造更大的社会价值。

放在党和国家大局中观照，放在人民至上的坐标上考量，我们的重大选题背后传递了什么信息？我们的采访报道能够发挥什么作用？这是中华合作时报社一直在思考的命题。

中华合作时报社2025年"新春走基层"活动注重一线报道的生动鲜活，也对记者聚焦经济社会发展的深度思考提出要求。中华合作时报社第一时间在全媒体平台开设《新春走基层　消费新场景》特刊和专栏，每一篇生动鲜活的文字报道都要求配发一篇记者手记，深入思考新闻现场背后折射出的行业新赛道、消费新趋势、发展新变化。

思为根本，学无止境。为了进一步提升采编团队的理论思辨能力，中华合作时报社坚持"请进来"与"走出去"相结合，2025年创新开办"中国合作经济研学讲堂"，构建"历史经验+当代实践"双维课程体系——首期系统梳理习近平总书记在正定时期的生动实践，揭示"合作经济组织属性"的理论传承；第二期聚焦浙江"新仓经验"，剖析生产、供销、信用"三位一体"机制的时代价值，为行业媒体理论建设提供新范式。与此同时，中华合作时报社还不断丰富"时报大讲堂"内容体系，开展"新春走基层"采编交流会、"AI大模型赋能·供销小厨数智化升级"交流培训……通过"理论武装+业务淬炼"，多维锤炼采编团队的"脑力"，实现一线实践与理论认知的同步提升。

走下去才能看见，深入思考才能抵达本质。在内容为王的融媒体时代，中华合作时报社不仅追求新闻效率的速度与强度，更追求新闻思想的深度与温度。

四、落地赋能

用"笔力"创新供销表达　打造融合传播的全媒体矩阵

"笔力"就是表达，是新闻工作者实现从观察到呈现的落地动作。高水平的表

1

2　3

1. 2024年9月3日《中华合作时报》A1版，《青山一道　云雨同担》深刻阐述援藏三十年间供销合作社聚焦"四件大事"助力西藏自治区高质量发展

2. 2024年5月17日《中华合作时报》A2版，《跨越山海　美美与共》聚焦832个国家级脱贫县如何做好"土特产"文章，生动报道了举国协力巩固拓展脱贫攻坚成果同乡村振兴有效衔接的创新实践

3. 2025年2月14日，中华合作时报社举办"时报大讲堂·开年第一讲——新春走基层采编交流会"，本报"新春走基层"记者进行现场分享交流演讲

达、高质量的呈现，才能实现新闻报道和新闻媒体的初心和价值。

在媒体融合的时代浪潮中，中华合作时报社以"笔力"为刃，突破传统表达边界。《青山一道　云雨同担》深刻阐述援藏三十年间供销合作社聚焦"四件大事"助力西藏自治区高质量发展；《跨越山海　美美与共》聚焦832个国家级脱贫县如何做好"土特产"文章，生动报道了举国协力巩固拓展脱贫攻坚成果同乡村振兴有效衔接的创新实践；《农业社会化服务春夏秋冬系列观察》聚焦"国之大者"，以贯穿四季的视角，通过一个个小问题、小举措、小成效绘就了一幅宏大的农业现代化图景，立体呈现农业强国建设的丰硕成果和强劲动能。

"笔力"是改革叙事的犁铧，评论是破局定向的路标。中华合作时报社持续加强评论员队伍建设，例如，2025年"新春走基层"活动中，除现场融媒体报道外，还结合供销集市主题，特别策划"新春四问"系列评论，从供销集市"潮"的颜值、"亮"的底蕴、"新"的形态、"暖"的情怀中，提炼出城乡双向奔赴的深层逻辑，完成了"现场采集—融媒转化—深度解读"的闭环。

在媒体融合的当下，"笔力"不仅仅呈现于文字作品中，更浸润在一个个融媒体报道中。

2024年是中华人民共和国成立75周年，是实现"十四五"规划目标任务的关键一年，为深入贯彻落实习近平总书记关于供销合作社工作的重要指示批示精神，中华合作时报社重磅推出纪实性系列主题短片《何以供销》，聚焦"国之大者"，展现新时代供销合作社精神的丰富内涵，以及在助力农业强国建设和推进乡村全面振兴中的担当作为。该组视频由总编室（融媒体发展部）统筹推进，通过跨部门合作，以类似工作室形式探索融媒体发展的体制机制创新。在产品质量呈现上，通过更专业、细分、优质的内容生产能力，获得了系统内外的广泛转发和认可。

"笔力"输出影响力。中华合作时报社2025年全国两会期间特别策划《"00后"两会锐评》短视频评论栏目，由"00后"担纲，围绕县域消费、农业社会化服务、低空经济等两会热点话题，连续推出《供销合作社立法迈出每一步都重要》《"低空经

中华合作时报社重磅推出的纪实性系列主题短片《何以供销》，聚焦"国之大者"，展现新时代供销合作社精神的丰富内涵，以及在助力推进乡村全面振兴和加快建设农业强国中的担当作为

济+农业"新赛道布局您准备好了吗？》《让农产品流通全国"一盘棋"说到谁心坎儿上了？》等十期有观点、有态度、有个性的快评短视频，将"笔力"与融媒体有机结合，用通俗、青春的语言风格助力理论传播和政策解读"创意化""年轻态"，弘扬时代强音。

从雪域高原到南海之滨，从田间地头到数字云端，中华合作时报社以实践印证：在这个大变革、大发展的时代，只有"四力"交融，才能绘就供销传播新图景。而"四力"交融的背后，是媒体融合的深层变革，在于理念、机制与技术的协同共振。践行"四力"绝非简单的技能训练，而是系统性、融合性的能力革命。

当"脚力"扎根供销一线，新闻就有了温度；当"眼力"穿透寻常表象，报道就有了深度；当"脑力"贯通历史与未来，思想就有了高度；当"笔力"激活融合表达，传播就有了广度。

与时代同行，为复兴筑梦。中华合作时报社将继续以"四力"为标尺，在新时代的"三农"热土上续写更加精彩的"耕耘"篇章。

深入践行"四力"
持续提升行业传播能力和舆论引导水平

....

中国黄金报社社长、总编辑
李广国

....

习近平总书记指出:"宣传思想干部要不断掌握新知识、熟悉新领域、开拓新视野,增强本领能力,加强调查研究,不断增强脚力、眼力、脑力、笔力,努力打造一支政治过硬、本领高强、求实创新、能打胜仗的宣传思想工作队伍。"作为中国黄金行业唯一的国家级媒体机构,中国黄金报社始终以"四力"建设为抓手,在媒体融合转型的时代浪潮中,将"四力"要求贯穿新闻生产、舆论引导、内容创新和队伍建设全过程,围绕黄金矿业高质量发展、黄金珠宝消费升级、黄金市场变化等重点课题,持续锤炼新闻工作者素质,逐步形成了具有行业特色的"四力"实践体系,不断提升行业传播能力和舆论引导水平,为推动黄金产业高质量发展、讲好新时代中国黄金故事提供了有力支撑,为打造一流行业媒体积蓄了发展动能。

一、增强"脚力",走进一线寻找答案

"脚力"是新闻工作的根基所在。只有脚下沾满泥土,才能让新闻的笔触浸润真实的力量。在黄金行业,新闻的生命力源自千米井下轰鸣的凿岩现场,彰显于冶炼车

间通红的熔炉前，凝聚于智慧矿山的中控室里，更折射于零售终端的柜台之间。中国黄金报社以"记者在现场"为理念，构建"跑一线、蹲现场、沉基层"的立体化采访机制。通过将矿山巷道、冶炼车间、生产班组及销售窗口等基层场域确立为新闻采集主阵地，系统化推动记者深入产业一线开展调研。在具体实践中，记者克服高温严寒、地理偏远等客观条件限制，以实地观察、深度访谈为手段，深度融入黄金开采、冶炼加工、智慧管理及终端销售等业务场景，形成覆盖产业全链条的深度报道体系。这种"沉浸式"新闻生产方式，既实现了对矿工技术创新、一线管理优化等微观实践的精准记录，也构建起对黄金产业现代化进程的宏观叙事框架。

中国黄金报社先后策划组织"新春走基层""走遍中国看黄金""记者带您看黄金"等大型集中采访活动，通过与企业负责人、科研人员、管理干部、一线工人等面对面访谈，挖掘到大量真实感人的一手素材和典型事例。在河南新蔡，记者除夕坚守一线记录乡村振兴的新变化；在贵州贞丰，凌晨五点捕捉矿山破晓时的忙碌场景；在海拔5300米的青藏高原，克服严重高原反应倾听一线工人的心声；在胶东半岛地下1500多米的矿井深处，记录矿工们"地心"工作的坚守与奉献……脚步之下，是与黄金产业发展同频共振的强烈责任感；纸笔之间，是对矿山精神与行业价值的深情记录。这种"垂直千米，横向万里"的立体化采访模式，确保了报道素材的真实性与鲜活性。乡村振兴系列报道——《农业传统大县新蔡的"山乡巨变"》《宜农宜游，贞丰县的乡村振兴有画面感了》《从"漏雨村委"到"共富样板"的乡村蝶变》等，依托实地走访，既剖析县域经济转型路径，也展现央企社会责任实践，字里行间流淌着"脚力"的沉实力量。好的作品是"走出来、蹲出来、写出来"的时代答卷。记者的脚步还不断延伸至"一带一路"国家和海外重点投资项目现场，讲述中国黄金企业"走出去"的探索与实践，有效拓展行业报道的深度，提升国际传播力。

实践表明，报社通过一线采访产出的深度报道中，鲜活案例均直接源自生产一线，为典型经验推广提供有力支撑。以"脚力"驱动的新闻采集机制，不仅夯实了行业报道的真实性与权威性，更形成了兼具理论价值与实践指导意义的产业传播范本。

中国黄金报社切实以增强采编队伍"四力"为抓手，练好调查研究"基本功"。深入矿山及冶炼企业一线，贴近基层员工，挖掘黄金行业发展的真实故事。这是记者在黄金矿山企业进行现场采访

二、锤炼"眼力",认清方向把握大势

"眼力"是新闻工作者辨明方向、洞察大势的能力,既体现为对新闻事实的敏锐捕捉,更彰显为对发展趋势的精准研判与对复杂局势的深层透视。在信息海量涌流、舆论多元裂变、技术加速迭代的媒介生态中,行业媒体只有铸就过硬"眼力",才能切实担起"传声筒""观察哨""智囊团"的专业使命。中国黄金报社深耕行业传播环境,从宏观上精准把握黄金行业发展方向,从微观处深挖产业真实状态,在宏观与微观的辩证统一中构建起"见微知著、观势明责"的报道体系,持续推出既具有时代特色,又贴合行业实际,还能精准解读政策的优质内容,力求在新闻实践中准确洞察黄金行业发展走向,深度挖掘其发展本质。

报社始终将报道视野聚焦于矿产资源安全、黄金战略价值、绿色矿业、智能建设、国际化布局等关乎行业未来的重要战略命题,通过持续性深度报道与系列化报道,搭建起多维度的行业观察体系。在相关报道实践中,记者注重将行业动态置于宏观语境中解析,既揭示产业发展的内在逻辑,也为行业凝聚战略共识提供思想支撑,有效强化了新闻作品的前瞻性、权威性与专业性。这种对行业发展脉络的精准把握,源于对宏观趋势的系统性研究与政策导向的深度对接,使报道超越单一事件层面,成为行业战略走向的"风向标"。

在坚守战略视野的同时,报社始终保持对市场动向的敏锐感知:针对黄金价格波动、市场资金流向、黄金珠宝消费趋势、企业经营状况等产业动态,构建起"数据追踪—实地调研—多维解读"的报道机制。持续跟踪金价变化,深入解读高金价背景下对黄金行业的影响;针对黄金产业链上下游企业年度表现,全面分析上市企业年报,挖掘科技创新、绿色发展和产业布局亮点,帮助行业理解未来趋势。

实践表明,真正的"眼力",在于穿透表象、揭示本质的专业能力。报社的调查性报道《镀金银饰品:是"黄金平替",还是"伪黄金"陷阱?》即为典型实践:当"金包银"饰品借直播电商热潮快速走俏时,记者没有止步于现象描述,而是展开系

统化调研——联合权威检测机构剖析产品成分，走访生产企业、经销商、消费者及行业协会厘清产业链利益链条，追溯相关国家标准演变历程并对比国际检测体系，最终揭示出工艺风险背后的消费认知误区、行业标准滞后等深层问题。这种"从现象到本质、从个案到体系"的挖掘方式，将消费热潮置于行业生态与社会诚信的宏观视野中审视，既揭示了产品成分混乱、检测逻辑模糊等市场乱象，也引发对产业标准建设与消费教育的深层思考，彰显了行业媒体对趋势把握与本质识别的专业水准。

在信息碎片化与价值多元化交织的时代，行业媒体的"眼力"既是专业素养，更是责任担当。报社的实践表明，只有将新闻敏感深植行业土壤，在宏观格局中找准定位，在微观实践中积累洞见，才能在错综复杂的舆论场中牢牢把握主动权。

三、提升"脑力"，融合策划创新表达

"脑力"是媒体立足的根本，是从"信息搬运工"向"价值创造者"转型的关键支点。中国黄金报社深刻把握这一变革趋势，坚持用战略思维谋划全局，以融合思维激发创新动能，持续推动传统内容生产向策划驱动型转变，构建起贯穿"策、采、编、发、评"全链条的立体化内容生产体系，在黄金这一垂直领域确立了不可替代的专业话语权。

报社以"脑力"破题，构建立体化选题策划体系。在选题策划环节，确立了"节点聚焦、热点追踪、重点深耕"的三维策略，将"脑力"转化为对行业发展脉络的精准把握与议题设置的前瞻布局。这一策略不仅关注行业发展的周期性节点，更注重捕捉产业变革中的关键转折点，实现了从"被动跟进"到"主动引领"的质变。在"新中国成立75周年"主题报道中，记者跳出简单的成就梳理，创新构建"政策变迁、产业升级、技术进步、消费转型"四维分析框架，将黄金行业发展置于国家战略演进的宏大叙事中。通过梳理75年来行业从计划经济到市场化改革的政策逻辑，剖析绿色开发技术突破、产品创新迭代、消费市场年轻化等微观实践，系列报道《我国黄金行业75年发展历程》不仅呈现了行业与国家同频共振的脉络，更揭示出产业发展的深层规律。

报社充分发挥专业媒体的智库功能,深入解读事关行业发展的重大政策。针对《中华人民共和国矿产资源法》修订等重大法律政策调整,报社从黄金行业发展实际出发,构建了"政策速递—专家解读—企业反响—趋势研判"的全方位报道矩阵。通过14篇系列评论文章和专题分析文章,既阐释政策要义,又分析落地影响,更预判发展趋势,为行业企业理解新矿产资源法提供了权威解读,帮助企业更好地把握发展机遇。这种深度政策解读不仅停留在信息传递层面,更通过建立政策与产业实践的连接点,形成了"政策解读—实践指导—效果反馈"的闭环体系。报社组建了由行业专家、法律顾问、企业代表组成的智库团队,确保政策解读既具有专业高度,又贴近企业实际需求,真正发挥了行业"智囊团"的作用。

在媒体融合向纵深发展的今天,报社通过持续强化"脑力"建设,探索出一条垂直领域专业媒体转型升级的有效路径。未来,报社将继续深化内容供给侧结构性改革,以更高质量的思想产品服务行业发展,为构建具有中国特色的行业媒体话语体系贡献智慧力量。

四、淬炼"笔力",讲好故事传播价值

"笔力"既是对语言表达的基本要求,更是对思想内涵、价值指向与传播效果的综合考量。黄金行业报道既要解码"智能采矿""绿色冶炼"等技术硬核,更需捕捉"人的故事"。中国黄金报社将"笔力"视作连接行业本质与公众认知的桥梁,以"情感为核、人物为轴、真实为脉"的叙事策略,构建起既有产业筋骨、又含人文温度的立体传播体系,让黄金行业的发展历程不仅停留在数据图表,更鲜活于受众的认知与情感之中。

典型人物报道是报社锤炼"笔力"的重要战场。《黄金榜样》《优秀共产党员》等栏目打破传统行业报道的"高大上"套路和"成绩单"模式,建立"深扎根、细观察、慢书写"的采写机制,致力于在一线工作者的日常细节中挖掘精神富矿。如《竭尽全力做好眼前事》《雪域高原,有这样一位黄金尖兵》《这个乙班不一般》等作品

贯穿全年的"走基层"活动中，中国黄金报报社记者制作系列主题视频《这里是河北东梁》《记者带您看黄金》等，通过真实而感人的镜头语言，传递了黄金行业的企业风貌和生态建设成果

广受行业读者欢迎，被多家中央主要新闻单位的新媒体平台转载，形成良好传播效果。特别是《这个乙班不一般》充分展现了记者扎实的"笔力"，其细腻描写与宏阔格局相得益彰，成功将基层冶炼班组的日常工作与国家工业发展大势紧密相连，以生动笔触赋予该班组情感温度、历史厚度与时代高度。

当传播生态从"文字为王"转向"全媒共生"，"笔力"的内涵也从单一的文字驾驭力，拓展为"多元形态讲述同一个好故事"的系统能力。面对媒介融合趋势，报社将"笔力"延伸至全媒介叙事，将专业内容生产与传播形态创新深度融合，形成"文字为核、视听为翼、创意为桥"的立体化叙事体系。在全媒介叙事中，推出"主播说黄金""记者带你看黄金"等视频栏目。其中"主播说黄金"聚焦行业重大新闻、突发事件与热点话题，第一时间发声，进行短评锐评，成为行业舆论引导的重要窗口。漫画作品《一克金诞生记》《现代矿山新画卷，科技和青春绘就黄金梦》等以幽默风趣、通俗易懂的方式吸引大量年轻用户，有效提升了传播力和亲和力。

在流量至上的时代，报社对"笔力"的淬炼，是对新闻专业主义的坚守：相信真实细节的力量，相信行业故事的温度。当笔尖触及矿工的坚守、匠人的专注，当创意让工业文明焕发新生，这些充满质感的叙事，正搭建起公众理解黄金行业的桥梁。未来，无论媒介如何迭代，对"人"的关注、对"价值"的追求始终是"笔力"的核心——让黄金行业发展的脉络，通过一个个带着汗渍与温度的真实故事，转化为大众可感知、愿认同的社会共识。

"四力"不仅是新闻从业者的职业规范，更是行业媒体转型的关键。在全媒体浪潮下，报社深知，只有借助"四力"锤炼实力、创新求变，才能契合黄金产业发展需求，搭建高效传播体系。未来，报社将以习近平文化思想为指导，持续深化"四力"建设，构建"政策解读有高度、产业观察有锐度、人文叙事有温度"的传播生态，为黄金行业高质量发展贡献智慧，为中国式现代化增添行业媒体力量。

政法新闻记者要增强"四力"

《民主与法制》社党委书记、社长
尹宝虎
· · · · · · · · · ·

习近平总书记在2018年全国宣传思想工作会议上提出："宣传思想干部要不断掌握新知识、熟悉新领域、开拓新视野，增强本领能力，加强调查研究，不断增强脚力、眼力、脑力、笔力，努力打造一支政治过硬、本领高强、求实创新、能打胜仗的宣传思想工作队伍。"

《民主与法制》社是中国法学会主管、创刊最早的中央政法媒体，《民主与法制时报》和《民主与法制》周刊作为中国法学会机关报、机关刊，是学习研究、宣传习近平法治思想的重要平台和阵地。办好《民主与法制时报》和《民主与法制》周刊，需要新闻记者不断增强"四力"，在守正创新上下功夫，才能与党同心、与人民同行，才能抓住政法新闻的热点、难点，创作出受众喜闻乐见的作品。

一、增强"脚力"，深入基层，展现使命担当

"脚力"是新闻工作的源头活水，好新闻是"走出来""跑出来"的。这就要坚持到现场、在路上；迈开双脚走天下，走得勤、走得久、走得进；真正做到往深里走、

往实里走、往心里走，让新闻报道沾满泥土芳香、充满生活气息。

毛泽东同志一直重视调查研究。当年，他用32天步行700多公里，实地考察后写成了《湖南农民运动考察报告》这一光辉文献。实践出真知，这就如同田里的麦穗，身子俯得越低，收获才会越丰厚。

2012年北京"7·21"暴雨灾害中，《民主与法制》社记者在房山灾区挖掘出派出所所长李方洪在转移群众时不幸触电牺牲的感人事迹。报道中，"一位臂戴黑纱的村民久久伫立，泪水在饱经沧桑的脸上肆意流淌，口中喃喃'好人'二字"。这一现场细节，胜过千言万语，让警民鱼水情跃然纸上。

"脚力"是淬炼新闻精品的前提。走进现场，心里才有感动；深入基层，心里才有人民。《民主与法制》社记者为报道新就业形态劳动者权益保障问题，深入外卖骑手、网约车司机、快递员群体，体验其工作日常，倾听劳动报酬、社保等权益诉求，观察工作环境，报道引发社会关注，为相关部门完善保障体系建言发声。

锤炼"脚力"贵在走，到社会最基层中去，到条件最艰苦的地方去，到法治最前沿的地方去，到问题和矛盾最突出的地方去。在西藏阿里，《民主与法制》社记者与检察官穿行高原，记录生态司法保护；在甘肃山区，跟随"马背法官"翻山越岭，见证"窑洞法庭"如何将矛盾化解在萌芽状态。这些行走，让记者看到了法治中国最生动的实践。

正所谓脚下出文章，脚下的泥土有多少，笔下的故事就有多少，心中沉淀的情感就有多深。在路上，心里才有时代；在基层，心里才有群众；在现场，心里才有感动。

二、善用"眼力"，敏锐观察，提升新闻敏锐性

"高亭新筑冠鳌峰，眼力超然信不同。""眼力"是记者在"脚力"基础上的进一步拓展，既要善于发现问题、明辨是非，又要捕捉亮点、抓住本质，既能观大势，又能察民情。

"眼力"首先是观察力，记者要做到从广阔的社会生活中采撷独特素材，从而创作出令人眼前一亮的新闻精品。2025年年初，《民主与法制》社记者走进北京、河南、江苏、广东、贵州等地，探寻如斗门水上婚嫁、雷山苗族银饰锻制等非遗项目，在挖掘其文化内涵的同时，特别关注了法治在保护非遗传承、打击侵权等方面的关键作用，全面展现了非遗保护与法治守护协同共进的图景。

记者的"眼力"在于发现力，要练就一双"慧眼"和"锐眼"，方能捕捉到"沾泥土""带露珠""冒热气"的事件，将宣传思想工作做到群众的心坎上。在"非遗农民画绘就新生路"报道中，《民主与法制》社记者深入监狱，发现了青阳农民画这一非遗项目在罪犯改造中的独特作用。通过采写罪犯张某创作《罪犯一日生活流程》重拾信心等生动案例，展现了传统文化在司法改造中的独特价值。

"眼力"更贵在辨别力。网络时代信息纷杂，记者需帮助公众辨真伪、明是非。有辨别力者，既能见"泰山之高"，也可察"秋毫之末"，不断寻求真善美、主旋律、正能量，发人民心声，传播好党的主张。在报道贵州省纪委原副书记张平案时，面对不实猜测，《民主与法制》社记者深入调查其权力运作细节，通过采访纪检监察部门，揭露其权钱交易行径，引导社会正确认识腐败问题本质。

"绿叶忽低知鸟立，青萍微动觉鱼行。"记者要善于留心观察细微变化，细心了解各种情况，于细微处见真功，于细微处见精神，以高度的责任感和使命感解决面临的各种问题，这是记者应具备的素质，也是谋事创业的本领。

三、提升"脑力"，勤于思考，透过现象看本质

在信息超载时代，始终保持清晰的思考是新闻工作者的一项必备才能。作为政法类媒体的新闻工作者，如何能在信息洪流中保持超高定力、超强判断力，离不开政治素养、新闻素养和法治素养的三重加持。

习近平总书记在党的新闻舆论工作座谈会上指出："党性原则是党的新闻舆论工作的根本原则。党管宣传、党管意识形态、党管媒体是坚持党的领导的重要方面。"

"新中国从这里走来"——西柏坡纪念馆。2024年4月11日摄于河北省石家庄市平山县西柏坡景区

新闻舆论是上层建筑、意识形态的重要组成部分，具有鲜明的意识形态属性。好的舆论可以引领社会、凝聚人心、推动发展。

2024年，党的二十届三中全会对"完善中国特色社会主义法治体系"作出全面部署。一部部顺应人民意愿、维护人民利益的良法善法相继出台。围绕法治领域的新实践、新成就、新经验，本社全方位、多角度开展深度报道，充分展示中国法治建设的光明前景，提振人民群众对中国特色社会主义法治道路的底气和信心，为在法治轨道上进一步全面深化改革、推进中国式现代化提供有力舆论支持。

"先立乎其大者，则其小者弗能夺也。"对于党的新闻舆论工作而言，这个"大"，就是马克思主义新闻观。习近平总书记强调，要深入开展马克思主义新闻观教育，把马克思主义新闻观作为党的新闻舆论工作的"定盘星"。

作为新闻舆论工作者，必须将马克思主义新闻观深深融入自己的世界观、人生观、价值观中，融入个人的新闻事业和新闻实践中，争做新时代党的政策主张的传播者、时代风云的记录者、社会进步的推动者、公平正义的守望者。

习近平法治思想是马克思主义法治理论中国化时代化的重大成果，为全面推进依法治国提供了科学行动指南，也为政法媒体工作者从事采编业务提供了灵魂指引。

政法媒体的首要政治任务就是宣传贯彻习近平法治思想。政法媒体工作者必须深入学习领会习近平法治思想鲜明的真理光芒和实践伟力，把习近平法治思想落实在每一次采访、每一篇报道之中，当好习近平法治思想的信仰者、传播者、践行者。

四、夯实"笔力"，妙笔生花，记录时代最强音

"笔力"是记者的生产力，一篇报道的好坏最终要通过"笔力"展现。要言之有物，准确生动地展现法治实践。报道要让人看得完、看得懂，进而说服人、打动人，就必须要在策划选题上下功夫，要将目光对准最鲜活的法治实践、最动人的法治故事、最鲜明的法治观念。

过去一年，聚焦国家重大战略、重大立法规划、重大区域发展战略、法治领域

1 2
3 4

1. "脚力"相关。甘肃省华池县人民法院马锡五审判方式工作室。2024年4月18日摄

2. "眼力"相关。最高人民法院的前身——华北人民法院。2024年4月10日摄于河北省平山县王子村

3. "脑力"相关。2024年7月3日"百名法学家百场报告会"法治宣讲活动中央和国家机关专场报告会在人民大会堂小礼堂举行

4. "笔力"相关。2025年3月14日，中国法学会召开学习贯彻全国两会精神会议，专题传达学习习近平总书记在全国两会期间的重要讲话精神和全国两会精神，研究部署贯彻落实举措。中国法学会党组书记、常务副会长王洪祥主持会议

重大改革，本社陆续推出系列报道，围绕"深入贯彻落实党的二十届三中全会精神""综治中心规范化建设""京津冀协同发展法治保障"等主题开展深度报道，有力宣传我国法治领域改革和建设的重大进展和成效。

新闻舆论工作是一门科学，必须按照规律办事。习近平总书记多次强调，新闻舆论工作"关键是要提高质量和水平，把握好时、度、效"。不管是主题宣传、典型宣传还是成就宣传，都要将三者有机融合起来，把握时间节奏，把握力度分寸，追求积极效果，做到合时、适度、有效，真正增强新闻舆论工作的吸引力和感染力，实现最佳传播效果。

要言之有理，让法治精神浸润人心。《民主与法制》社"以案说法"栏目以平易近人的生动笔调带领读者解析热门法律案件，用通俗易懂的语言讲述专业权威的法律知识，有效发挥出释法说理的积极作用；"学习用典"栏目聚焦习近平总书记引典用典进行宣传阐释，推动学习贯彻习近平法治思想和习近平文化思想走深走实；"文史撷萃"栏目挖掘善良风俗、家规家训中的优秀法治内容，阐发中华优秀传统法律文化中蕴含的智慧，给读者以精神启迪。

要言之有情，真情实感坚守人民立场。胸中有时代、心中有人民，报道才能有深度、有温度。

党的新闻舆论工作事关党和国家前途命运，必须坚持"以人民为中心"的价值取向和工作导向。要坚持党性和人民性相统一，把党的理论和路线方针政策变成人民群众的自觉行动，及时把人民群众创造的经验和面临的实际情况反映出来，让记者真正扎下新闻业务之根、人生价值之根、为民情怀之根，让宣传报道更接地气、聚人气，更有温度、有感情。

锤炼记者"四力" 提升媒体核心竞争力

············

中国商报社社长、总编辑
胡斌

·········

当5G技术让信息传播进入秒时代，当算法推荐重塑新闻生产传播格局，新闻媒体在这场深刻变革中既面临前所未有的挑战，更迎来凤凰涅槃的机遇。习近平总书记强调，要"不断增强脚力、眼力、脑力、笔力"，这"四力"不仅是新闻工作者的职业要求，更是新时代媒体融合发展的核心动能。

当前，围绕中心、服务大局、强化本领、增强"四力"成为新闻工作者的前进目标。尤其是新闻传播进入融媒体时代，作为新闻传播的最基础环节，记者理论水平和业务素质的提升显得更加重要。"四力"是对当代新闻工作者素质的综合要求，也是媒体提升核心竞争力的关键。

一、以"脚力"抵达现场 抓取新闻真实

"脚下有泥土，笔下见真情"是新闻工作的真实写照。在新闻报道中，第一手资料的获取至关重要，而这往往需要记者亲赴现场，用脚步去丈量真实的世界。记者的"脚力"不仅仅是日常工作中的一种基本能力，更是深入一线、贴近实际、追求真相的职业素养和勇于担当、敢于负责的精神风貌的集中体现。

走基层记者风采

"脚力"是抵达现场的基础。新闻的生命在于真实。新闻记者只有深入到事件发生的现场，才能亲身感受那里的氛围，捕捉到最真实、最生动的细节。这种身临其境的体验，是任何二手资料都无法替代的。记者的脚力，就是他们抵达现场、触摸真实的有力保障。因此，对于新闻记者而言，"脚力"是履行职责、做好新闻报道的重要基础和保障，体现了记者的职业精神、专业素养和实践能力。

2024年2月，安徽大雪，《中国商报》记者刘群赶赴合肥郊区的市场采访，她徒步几个小时，穿行于拉货的车流和拥挤的客流中，鞋子湿透了，手也冻僵了……正是有了这样脚踏实地的采访，才能抓取新鲜生动、直击人心的新闻素材。刘群也因此入选中国记协2024年女新闻工作者风采征集展示活动《她在现场》。

"脚力"是深化报道的基石。深入报道，需要记者有深入实际的勇气和毅力。这种深入，不仅仅是物理空间上的接近，更是心理和情感上的融入。"脚力"帮助记者走出办公室，走进田间地头、企业商超、社区街道，与采访对象面对面交流，倾听他们的声音，感受他们的喜怒哀乐。这种深入基层的采访，往往能够让记者获得第一手资料，发现被忽视的新闻点，从而写出更加有深度、有温度的报道。

"脚力"是拓展新闻视野的能力。通过实地采访和亲身体验，记者得以搜集到更为生动、鲜活的素材，这些素材通常更能吸引读者的注意力，并唤起共鸣。同时，拥有出色的"脚力"，记者就有可能到达更多的新闻场景，发现不同角度的新闻线索，获得不同领域的新闻资源。这种鲜活的、不雷同的报道能够提升媒体的竞争力和影响力，也会让更多受众关注不一样的新闻。

二、以"眼力"洞察真相　捕捉新闻细节

记者的"眼力"是一种至关重要的能力。它不仅是记者捕捉瞬间、发现新闻的基础，更是其从复杂现象中提炼本质、为读者呈现真实世界的关键。"眼力"，对于新闻记者而言，既是一种职业素养，也是一种艺术。

"眼力"是捕捉新闻瞬间的"雷达"。优秀的新闻记者必须拥有敏锐的洞察力，

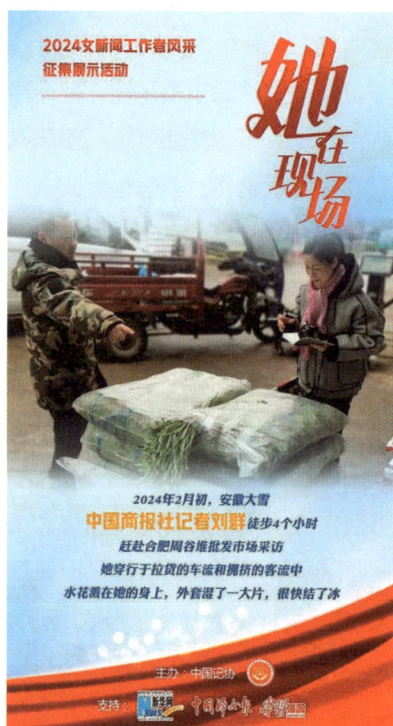

1 2　　1."她在现场"
　　　　2.记者访谈

这种洞察力就是"眼力"。好的"眼力"就像"雷达",可以第一时间捕捉到具有新闻价值的瞬间。它要求记者时刻保持工作状态,对周边环境有高度的灵敏性,可以迅速应对异常变化,用镜头和文字记录下来。无论置身于喧嚣的都市街头,抑或宁静的乡村田野,记者的观察力必须如鹰隼般敏锐,随时准备捕捉那些转瞬即逝的新闻瞬间。

"眼力"是辨别真伪的"试金石"。在信息爆炸的时代,新闻的真实性有时会难以辨别。这就需要记者具备一双"火眼金睛",能够识别各种信息的真伪,确保新闻报道的准确性。此时,记者的"眼力"不仅指对视觉信息的处理能力,更涵盖了对信息来源、内容、逻辑等多维度的综合判断能力。唯有通过严格的筛选与甄别过程,方能确保传递给读者的新闻内容真实可靠。

"眼力"是新闻价值的"炼金术"。在错综复杂的新闻事件中,通常会有多维度的视角。记者的眼力,就是要从这些繁杂的表象中,提炼出最具新闻价值的信息。这就要求记者拥有扎实的专业知识、丰富的社会阅历以及敏锐的观察力。唯有如此,方能在浩如烟海的信息中,准确地捕捉到那些对读者具有重大意义、对社会产生深远影响的新闻点。

优秀的新闻作品会从独特的新闻视角呈现新闻事件。而这种视角的构建,在很大程度上取决于记者的"眼力"。记者通过其独特的观察角度和方法,能够发掘出他人所忽视的新闻元素,进而塑造出具有个性化和创新性的新闻视角。这种独到的视角,不仅能够增强新闻报道的吸引力和影响力,还能够引导读者从不同的视角去思考和理解新闻事件。

三、以"脑力"深入思考 形成独特视角

记者的"脑力"不仅是自身思考能力和智慧的体现,更是其洞察社会现象、分析问题、形成独立见解的能力。一名优秀的新闻记者,要拥有发现新闻的敏锐视角,还要具备分析、推理及判断的思维能力。

"脑力"是新闻思维的"CPU"。很多时候,获取新闻线索仅仅是新闻采访的第

一步，想要做出一篇优秀的新闻报道，还需要更加深入地剖析新闻事件并揭示其深层含义。这就需要记者具备强大的思维能力，也就是"脑力"。具备敏锐思维能力的记者能够运用逻辑推理、历史对比、数据分析等多种手段，对新闻事件进行立体化、多维度的阐释，为读者提供更为深刻、全面的新闻解读。

例如，中国商报网在2025年2月发布的《破局还是冒险？阿玛尼入局餐饮界》一文中，记者没有停留在阿玛尼开餐厅的表象，而是梳理了大牌跨界已成为行业常态现象，并从专业角度分析指出，高端消费品跨界开餐厅，既是一场充满机遇的商业冒险，也是一次对品牌综合实力的严峻考验。未来，随着消费市场的不断变化和消费者需求的日益多元化，这一商业形态能否在竞争激烈的餐饮市场中站稳脚跟，实现品牌与商业的双赢，尚待事实检验。

"脑力"是信息迷宫的"拆弹专家"。"脑力"决定了新闻报道的深度和广度。它要求记者具备敏锐的洞察力，能够从纷繁复杂的信息中抽丝剥茧，找到事件的核心和本质。同时，"脑力"也意味着记者要有强大的分析和判断能力，能够准确解读新闻背后的社会意义和影响。只有这样，记者才能在新闻报道中脱颖而出，为读者提供有价值的新闻内容。

四、以"笔力"扭转文风，打造融合精品

在"四力"中，"笔力"是最终落点。当今，为了适应新闻传播的速度和方式变化，记者必须转变传统文风，创作出"短、时、新"的作品。同时，在融媒体时代，"笔力"已不再是单纯的文字表述，而是演变为集文字、图像、声音、视频等多维表现手法为一体的综合表达。

提升"笔力"，追求"小而美"。眼下，为了适应新闻传播速度与方式的变革，记者需转变传统的写作方式，创作出既简洁又时效性强且内容新颖的作品。这不仅是对记者写作技巧的考验，更是对新闻传播理念的一次根本性革新，要求记者放下刻板、端庄的身段儿，用亲切感人的口语化、故事性、情节性表达来触达受众的通感，

中国商报网 商业 > 正文

破局还是冒险？阿玛尼入局餐饮界

字体： 小 中 大 分享到：

中国商报（记者 陈晴 文/图） 近日，高端消费品巨头阿玛尼在北京开出中国首家餐厅。门店目前处于试营业阶段，凭借高端消费品的光环，吸引不少消费者前往打卡。

阿玛尼跨界进军餐饮领域的消息引发广泛关注。在消费市场不断演变的当下，众多高端消费品品牌纷纷迈出跨界的步伐。

北京国贸商城的阿玛尼餐厅。

阿玛尼新闻引发关注

以小切口展现大主题，增强新闻作品的感召力。

强化时效，传播加速度。新闻事件的发生和发展往往瞬息万变，这就要求记者必须具备强烈的时效意识，能够在第一时间捕捉到有价值的新闻线索，并迅速将其转化为沾泥带土、热气腾腾的新闻作品。为了实现这一目标，记者需要拿出"时刻准备着"的决心和激情，持续保持高度的警觉性和敏锐的观察力，不断提升表达能力和写作能力，让"笔力"始终处于"生花"的状态。

融合创新，开拓新高度。信息化时代，新颖、独特是吸引读者注意力的关键要素之一。记者应勇于尝试运用多样化的新型表达方式和传播技术，如数据可视化、互动式报道等，以提升报道的新颖性和吸引力。通过持续创新和探索，制作出独具匠心、别具一格的新闻作品，为读者提供全新的阅读体验。

例如，上文提到的"阿玛尼开餐厅"，记者不仅撰写文字稿件，还拍摄了照片和视频。经过新媒体编辑加工，作品以不同形式在微博、视频号、微信公众号等多平台同时发布，形成传播矩阵，极大地提高了作品的表现力、传播力和影响力。

综上，站在媒体融合发展的历史节点，加强"四力"建设既是应对挑战的现实需要，更是把握机遇的战略选择。新闻记者应不断提升自身的"四力"，坚持正确导向，保持清醒坚定，保持创新思维，让新闻作品与主流价值观念相互契合。运用新技术、新手段，增强新闻作品的呈现效果，更好地履行职责使命，提高新闻的传播力和引导力。

讲好边远台站的天路守望者故事

——中国民航报社有限公司践行"四力"的探索实践

中国民航报社有限公司总编辑

董义昌

进入新时代以来，中国民航报社有限公司在做好民航新闻宣传工作中始终以习近平总书记对民航工作的重要指示批示精神、对新闻舆论工作的重要论述为遵循，牢牢扛起民航新闻宣传工作主力军职责，全方位讲好蓝天故事，全媒体呈现民航之美。

2018年9月30日，中共中央总书记、国家主席、中央军委主席习近平亲切会见四川航空"中国民航英雄机组"全体成员时指出，伟大出自平凡，英雄来自人民。把每一项平凡工作做好就是不平凡。新时代中国特色社会主义伟大事业需要千千万万个英雄群体、英雄人物。学习英雄事迹，弘扬英雄精神，就是要把非凡英雄精神体现在平凡工作岗位上，体现在对人民生命安全高度负责的意识上。

中国民航报社有限公司牢记习近平总书记重要指示，把更多报纸版面、新媒体头条等各类媒体资源向一线民航人倾斜，通过深度践行"四力"要求，挖掘平凡民航人的不平凡故事，挖掘对旅客生命安全高度负责的典型案例，其中的一个重要发力点就是边远台站的天路守望者们。

一、挖掘民航精神　培育行业文化

飞机在天空中翱翔，除了依靠飞行员过硬的驾驶技术、机务人员精心维护保养飞机，还离不开民航空中交通管理部门的保障。边远台站的天路守望者就是民航空管系统的一支重要力量，他们的工作地点大多远离都市，甚至荒无人烟，承担的却是保障一条甚至多条航路安全通畅的重要职责，是民航行业的无名英雄。《中国民航报》从46年前创刊开始，就始终关注这一群体。创刊号即介绍了两位湖南临澧导航台员工保护国家财产、荣立三等功的故事。先后推出了《二连浩特：驰名的"夫妻导航台"》《雅布赖人》《导航台里话家常》等一系列关于边远台站的获奖报道，还携手相关单位启动了"边远台站万里行"活动，对全国30多个边远台站进行实地采访。

2019年6月14日，《中国民航报》在头版头条刊发通讯《天空中的一朵云——追忆全国优秀共产党员、全国五一劳动奖章获得者郦云平》。记者通过对浙江空管分局云和导航台原台长郦云平家人、同事、单位领导的深度采访，生动还原了这位扎根民航边远台站23年，直到生命最后一刻仍心系工作、挚爱蓝天的民航人的感人事迹，稿件在行业内外引起广泛反响。

这不是《中国民航报》首次报道这位边远台站的典型人物。《中国民航报》浙江记者站站长徐业刚偶然听到郦云平1987年从浙江大学毕业后，放弃在大城市工作的机会，到浙江西部贫困县云和县支教，随后又被选调到民航云和导航台工作，扎根这个台站20多年。这个看似普通的人物，爱岗敬业、默默奉献，并时刻不忘一个共产党员的初心，甚至身患绝症仍坚持工作。记者通过"走进他的内心感情世界"来探寻他内心最柔软的部分，多次深入云和导航台，和郦云平及他的家人、同事、朋友谈工作、话家常、聊人生，完成《永远做一名合格党员——记民航浙江空管分局云和导航台台长郦云平》等多篇报道，在民航系统引起强烈反响，民航局下发通知要求在全行业宣传郦云平的感人事迹。2016年5月，郦云平获评全国五一劳动奖章，同年7月又被评为全国优秀共产党员。2021年，郦云平的事迹入选"民航人·初心——庆祝中国共产党成立100周年主题展"。而《中国民航报》记者对云和导航台的关注还在继续。2024年春节前，记者再次从杭州驱车4个多小时来到云和导航台，听导航台的守台人谈担当、讲故事，写出《"劳模台"的接班人》一稿。

像云和导航台这样，持续地被我们关注的导航台还有很多。从1990年10月31日刊发《大漠深处的电波》开始，《中国民航报》持续关注位于腾格里沙漠深处的雅布赖导航台，包括本报两任总编辑在内的多个报道团队先后到访这里，向全民航，乃至全社会讲述5位守台人30多年坚守台站的平凡生活和不平凡的精神。近年来，在祖国最东端的抚远导航台、全世界海拔最高的人控雷达站——甘巴拉雷达站……越是条件艰苦的地方，越会出现本报记者的身影。

二、深化媒体融合　增强传播力影响力

随着媒体融合脚步的加快，《中国民航报》在践行"四力"的过程中，在做好传统文字报道的同时，也把边远台站报道作为媒体融合的试验田、练兵场，鼓励一线记者对重要的新闻素材实行一次采集、多平台分发，取得了不错的传播效果。

2024年农历小年前一天，《中国民航报》融媒体报道团队前往高寒、高海拔、物资运输困难的内蒙古蛮汉山雷达站，在当地只有有经验的司机才敢开车上山的"白毛风"天气里，无惧积雪和悬崖带来的危险，开启了"新春走基层"采访。小年当天，记者从凌晨5点一直采访到深夜23点，在如刀的寒风中跟随守台人爬上海拔2300米的山顶雷达塔巡视设备。山上夜晚温度在低至零下20摄氏度，寒风刺骨，在室外仅待了10分钟，记者举着话筒的手已冻僵，双脚冰凉，但仍然坚持跟随守台人一遍遍进行巡视。记者与守台人同吃、同住、同工作，一起包饺子，度过了难忘的小年夜。这些全部被我们的摄像记者的摄像机镜头记录下来，配上使用无人机拍摄的蛮汉山雷达站的全景，让全媒体用户对蛮汉山雷达站的工作场景、工作内容、守台人坚守的价值有了更直观的了解和更强烈的敬佩，也进一步提升了我们报道的传播力和影响力。

2024年是我国最南端的民航雷达站——西沙雷达站建成20周年。祖国南大门的

航路安全畅通，对于国防安全、对外开放、"一带一路"建设具有重要战略意义，坚守三沙，就是在为祖国的繁荣稳定作贡献。为了充分报道好这一重要题材，总编辑亲自带领报社文字、摄影、摄像记者组成三沙报道组，前往三沙采访。独特而重要的地理位置，严格的登岛审批流程，使得三沙对于许多人来说是个神秘的地方。关于三沙的报道资料很少，给采访出了难题。报道组在出发前做了大量准备工作，多次与岛上工作人员视频连线，了解岛上情况，确定报道主题和对象。6月初，三沙报道组启航，我们在前往三沙的航班起飞前就开始了采访，先后采访了数十位现在和曾经在三沙工作过的民航机长、乘务员、空管人、机场人，以及当地政府工作人员、医生、渔民、教师、学生等，拍摄了20多个小时的视频素材和上千张照片。最终我们不仅完成了关于三沙雷达站的文字、图片、摄影报道，全方位展现了几代人的奉献、坚守与如今雷达站工作、生活条件的改善，从一个雷达站的小切口展现大时代带来的美好生活。在讲好西沙雷达站故事的同时，我们还首次将采访的全过程打造出短视频栏目《海岛日记》，并选取与守台工作高度相关的机场飞行服务兼应急救援主管为主角，推出纪录片《三沙恋》，从多个独特角度全面展现三沙风貌，以及驻岛建设者的风采。该组报道刊发后，被新华网、"学习强国"、三沙卫视、三沙市政府公众号、海南机场公众号等转载。许多网友评论说"看哭了""向所有三沙人致敬""向祖国的守望者们致敬"，形成了可感可叹的正能量。

三、淬炼扎实作风　建设高质量人才队伍

今年3月，交通运输部精神文明建设委员会办公室通报表扬了2025年综合运输春运宣传工作表现突出的集体、个人及优秀作品。《中国民航报》准"00后"记者贾璞瑜今年1月采写的通讯稿件《信号从木寨岭山巅传来》位居优秀作品之列。

今年春节前，参加工作才一年多的她独自一人前往海拔3327米的甘肃木寨岭雷达站，近距离采访了6位守护者的日常工作和生活，听他们讲述如何在大雪封山时齐心协力疏通道路，如何在发生地震、暴雨导致断电时想方设法维持设备运转，如何在

1　2

1. 2004年12月27日，《中国民航报》头版刊发记者采写的《导航台里话家常》一文，并配上五名雅布赖导航台员工的照片，让更多人了解、熟悉、敬佩平凡民航人的不凡

2. 2004年6月19日，《中国民航报》用一个图片专版报道三沙雷达站的故事。从雷达站这个小切口展现大时代带来的美好生活

阖家团圆时坚守远离家人的深山，以及如何在这样高寒、阴湿、缺氧、人迹罕至、生活物资匮乏的环境中，依然保持乐观与坚定。2025年，《中国民航报》的"新春走基层"报道的质量较往年有了较大的提升，且多个报道组的视频报道非常出彩，由于是单兵作战，木寨岭雷达站的报道是纯文字报道，但后者依然凭借鲜活的细节、真挚的情感从众多优秀作品中脱颖而出，得到专家领导和用户们的集体点赞。

把年轻的记者派到艰苦的一线去采访，通过与基层民航人同吃同住同劳动，让他们快速融入民航行业、淬炼扎实的工作作风，已经成为《中国民航报》的一个传统。以2025年"新春走基层"活动为例，本报近三年入职的新记者近乎全员参与，有的甚至参与了多个报道组，北疆阿勒泰、"北极"漠河、浙江舟山、西藏定日……在高强度、快节奏的新闻采访中实现了自身的快速成长。

在移动互联网时代，与客流量大、受关注度高的航空公司和整洁明亮、流程顺畅的机场相比，边远台站有点像是流量的洼地，但作为深耕行业的主流媒体，我们深知其对保障行业安全生产、旅客平安出行有着不可替代的作用，在其中工作的每一位基层员工身上都有着讲不完的民航故事，我们会一直将这些台站作为新闻富矿，深度践行"四力"，持续予以深耕，用心用情为我们的用户讲好新时代平凡民航人的不平凡故事。

04

业务
实操篇

传递民政温度　折射时代之光

——中国社会报社践行"四力"的实践与思考

······························

中国社会报社党委书记、社长

文国锋

··········

民政事业闪耀着人性的光辉、彰显着社会的良心、坚守着道德的底线、体现着文明的传承，是全社会共同的事业。近年来，中国社会报社引导全社新闻工作者不断增强"脚力、眼力、脑力、笔力"，充分发挥《中国社会报》作为民政部党组机关报的民政新闻宣传主渠道、主阵地、主力军作用，为推动民政事业高质量发展营造良好氛围，凝聚奋进力量。

一、以"理"服人，在高举旗帜、引领导向中践行"四力"

增强新闻作品的思想引领力，要善于深入浅出地讲清楚习近平新时代中国特色社会主义思想蕴含的道理、学理、哲理。中国社会报社坚持不懈用党的创新理论凝心铸魂，紧贴民政工作特点和实际，努力推出兼具思想性、专业性和可读性的作品。

2022年，为扎实做好喜迎党的二十大宣传工作，在民政系统汇聚起奋进新征程、建功新时代的强大力量，中国社会报社策划了"足迹·总书记来过我们这儿"主题采访报道活动。在一个多月时间里，《中国社会报》在头版显著位置设立专栏，刊发27篇报道，通过回访党的十八大以来习近平总书记考察过的民政部门和服务机构、城乡社区和看望过的民政服务对象，反映民政工作者牢记总书记嘱托，推动民政工作取得新成效的生动实践。

在此次主题采访报道活动中，所有参与记者都沉下身子、深入基层，先后回访习近平总书记考察过的河北省民政厅、河北省唐山市截瘫疗养院、内蒙古自治区呼和浩特市儿童福利院、北京市四季青敬老院等8个民政部门和服务机构，湖北省武汉市洪山区东湖新城社区、宁夏回族自治区吴忠市利通区金星镇金花园社区、湖南省花垣县双龙镇十八洞村等19个社区（村），获得大量一手素材，将一个个感人的故事、一项项务实的举措、一个个可喜的变化，转化为感人至深的新闻报道。深深扎根人民，始终信仰人民；无限热爱人民，矢志造福人民；紧紧依靠人民，团结引领人民……这组报道生动反映了总书记至深、至浓、至热的人民情怀，充分展示了各类民政服务对象实实在在的获得感、幸福感、安全感，从小故事、小切口出发，呈现了时代大主题、民政大成就。这是一次记者深入践行"四力"的过程，也是推动党的创新理论深入人心的过程。

二、以"专"示人，在彰显行业特色中践行"四力"

对于行业媒体来说，立足行业、彰显特色、打造精品是安身立命的根本要求。中国社会报社深耕民政领域，坚持立足民政和服务大局相结合、正面宣传和舆论引导相统一、传统媒体和新兴媒体相统筹，持续深入宣传各级民政部门着力推进实施积极应对人口老龄化国家战略，着力提升社会救助、社会福利、社会事务、社会治理工作水平，积极主动为人民群众做好事、办实事、解难事的改革创新实践。围绕民政重点工作，紧跟民政改革发展、政策创制和基层创新步伐，近年来推出"分层分类社会救助观察""老年助餐服务在行动""银龄行动""乡村著名行动"等一系列专栏专题报道。

2024年5月29日至31日，全国民政行业职业技能大赛决赛在江苏省南京市举行。本次大赛是民政部首次联合人力资源和社会保障部、中华全国总工会举办的国家级一类职业技能大赛，设置养老护理员、遗体火化师、公墓管理员、假肢装配工、矫形器装配工5个竞赛项目，是民政行业规格最高、赛项最多、参与范围最广、影响最大的标志性赛事。经过层层选拔，共有来自全国各省（自治区、直辖市）和新疆生产建设兵团的32支参赛队伍、307名参赛选手参加决赛，代表了民政行业技术技能的最高水平。

这场民政领域最高级别赛事，为参赛选手提供了切磋技艺、互学互鉴的广阔舞台，也为民政新闻工作者践行"四力"、各展其能提供了绝佳练兵场。中国社会报社提前策划，充分考虑用户信息需求，成立包括7名记者、2名视频编辑在内的报道组，分赛前、赛中、赛后3个阶段，展开多维度、立体化报道，累计推出3次专题报道、7篇通讯、1篇评论员文章及24条视频报道，全面展现了赛事风貌与民政技能人才风采。

在现今的传播环境下，"笔力"体现为全方位的输出能力。此次赛事报道中，记者秉持融媒体思维，推出多个视频报道，通过赛场初探、赛场速递、专家说大赛等，生动呈现精彩瞬间。报道团队采用"提前做统筹、分组盯赛项、采剪强协同"的模式，赛前按省份和赛项细分任务到人；赛场内两人一组盯紧赛项，抓取鲜活故事，拍摄关键画面；后期组实时剪辑生成短视频，编辑组统筹分发至不同平台。系列报道通过全媒体传播，实现了传播广度与深度的突破，全网阅读量达160万余次。报道紧扣"技能报国"主题，强化价值引导，激发民政技能人才的职业认同感，引发行业深度讨论，也增强了全社会对民政工作和民政职业的认可。本次赛事中，中国社会报社获评"突出贡献单位"。

三、以"情"动人，在传递人文关怀中践行"四力"

媒体的社会功能不仅在于报道信息、引导舆论、传播知识等，更在于传递人文关怀。只有那些触及人心深处、引发强烈共鸣的新闻作品，才具有深刻的影响力和强劲

1. 中国社会报社荣获全国民政行业职业技能大赛"突出贡献单位"称号。图为本报记者合影

2. 《中国社会报》记者在全国民政行业职业技能大赛养老护理员赛项现场进行报道

的生命力。这也应该是新闻工作者践行"四力"的价值追求。民政业务点多、线长、面广，件件关系民生、事事关乎民心，"一老一小"等服务对象牵动着全社会的目光。中国社会报社引导新闻工作者注重换位思考，运用群众视角，讲好民政故事，传递民生温度。

养老历来都是关注度极高的话题。习近平总书记在2025年新年贺词中说："家家户户都盼着孩子能有好的教育，老人能有好的养老服务，年轻人能有更多发展机会。这些朴实的愿望，就是对美好生活的向往。"那么，什么才是"好的养老服务"？今年全国两会期间，《中国社会报》推出系列报道《老人眼中"好的养老服务"》。这组报道包括《照顾母亲不再是孤军奋战了》《村里有了食堂，啥都解决了》《这样的旅行让人省心安心放心》《智慧养老系统关键时刻能救命》《我喜欢这里的自由》，全都由记者面对面采访后形成，讲述了关于居家养老服务、老年助餐服务、康养旅居、智慧养老、认知症患者的故事。这组新闻作品从报道对象的视角展开，用朴实的话语讲"朴实的愿望"，用具体人物、具体案例将"好的养老服务"具象化，不仅让读者了解到养老服务多元化发展的势头，更让人对这项家家都离不开的服务产生了共情，达到了以笔传情、以情动人的效果。

四、以"文"化人，在传播优秀民政文化中践行"四力"

成风化人、凝心聚力，以文化感染人、鼓舞人，增强新闻作品的价值感召力，持续增进全社会的价值认同，是新闻工作者践行"四力"的重要取向。中国社会报社聚焦优秀民政文化，突出民政文化的行业特色，结合清明节、全国助残日、"六一"国际儿童节、七夕节、"中华慈善日"、重阳节等时间节点开展主题宣传，持续开展"敬老月""用爱托起明天的太阳""我们的救助故事""中华慈善奖""生命文化大家谈"等专栏专题报道，深入挖掘宣传尊老敬老、助残慈幼、扶弱济困、乐善好施、慎终追远等文化理念，弘扬新时代敬老文化、新型婚育文化、健康殡葬文化、新时代区划地名文化、现代慈善文化，用优秀民政文化聚民心、暖人心、强信心、筑同心。

　　行政区划承载着民族记忆、历史文脉、治理智慧，是中华文明的重要标识。为深入学习贯彻习近平文化思想，切实传承保护行政区划历史文化，2025年3月，中国社会报社联合民政部区划地名司，策划推出"何方家国：行政区划历史文化纵横"主题宣传活动。首期自3月26日至28日连续推出重磅历史文化评论《相约一场从行政区划出发的历史文化之旅》及记者采写的《承载中华文明　维系乡土认同——专家学者共探行政区划历史文化传承之源》《凝结集体记忆　厚植家国情怀——民政干部共话行政区划历史文化传承之道》。这组文章一经推出就迅速传播开来，得到业内高度好评，引发各方热烈反响。

　　承载厚重历史文化意义的作品，对记者的"脑力"无疑是一次"大考"。这类报道专业门槛高，对记者业务知识和历史文化知识积累要求高。报道组记者平时就对行政区划业务较为熟悉，接到报道任务后，更是早早进入学习状态，广泛阅读权威资料，深入采访专家学者，领悟其中的文化精髓，尝试以历史文化为棱镜，以学术深度联结大众视角，以百姓语言厚植家国情怀。这组报道发出后，用户普遍反映，被文章阐释的"家国一体的极致浪漫"深深打动。

　　"何方家国：行政区划历史文化纵横"专栏首期宣传顺利完成，后期将持续以加强行政区划历史文化传承保护为主线，利用文字、视频、长图、SVG等方式，开展矩阵式融媒体报道，启迪、厚植人民群众"何方家国"的深层情怀，坚定文化自信，凝聚情感共识，共同守护这份"牵绊故土乡愁、汇入中华江河"的文化血脉。

　　践行"四力"是行业媒体需深入推进的一项系统工程。今后，中国社会报社将在转作风、改文风上持续发力，以融媒体思维提升新闻报道的质量和影响力，在新时代媒体格局中充分发挥独特优势和作用，为民政事业高质量发展提供有力舆论支持。

守"四力"之正　创传播之新

中国审计报社社长、总编辑
华海峰
....

　　自西周置"宰夫"稽核财用，秦汉设"上计吏"考核吏治，审计的基因里始终流淌着中华文明的文化血脉。

　　审计机关成立四十余载，新时代的审计人风雨兼程，赓续"为国而审、为民而计"的初心，以"经济监督"之笔，助力绘就国家治理现代化的壮阔图景。《中国审计报》作为审计机关面向公众和社会的"主窗口、主阵地、主渠道"，是这一历程的见证者、记录者与传播者。我们深知，审计行业媒体要当好党的创新理论的"宣传员"、政策落地的"瞭望哨"，也要成为行业精神的"铸魂者"、文化传承的"摆渡人"。

　　经过八载践行，《中国审计报》以"四力"为方法论，将其转化为"专业立报、融合强报、文化兴报"的实践逻辑，以专业视角服务国家治理，以创新表达凝聚行业共识，以文化叙事传递精神力量，在专业深耕与融合创新的激流中，探索出一条独具审计特色的传媒之路。

一、专业立报：以"四力"筑牢内容根基

审计工作的核心是"经济监督"，审计成绩的取得，是习近平新时代中国特色社会主义思想在审计领域的生动实践，是党中央新时代治国理政在审计领域取得的重要制度成果，充分彰显和印证了党的创新理论的真理力量和实践伟力。

作为审计机关面向公众和社会的主窗口，我们一直在思考，如何让公众和社会各界更全面、更深入地了解国家审计的职能定位与价值使命——不仅要阐释清楚国家审计"监督什么""如何监督"的核心职责，讲明白党中央对国家审计"如臂使指、如影随形、如雷贯耳"的政治要求，更需要以具体可感的审计监督实践展现审计机关"经济体检"的专业效能，在增强审计透明度的过程中不断夯实社会公众对审计监督的理解与认同。

我们提出"四力即四维"的理念。"脚力"是根系，只有深入审计一线，才能捕捉政策落地"最后一公里"的真实图景；"眼力"是灯塔，需以政治眼光、历史眼光、专业眼光，从审计实践中提炼时代命题；"脑力"是引擎，用融合思维重构内容生产，让专业报道"破圈"传播；"笔力"是桥梁，以通俗化、故事化表达连接专业性与大众性。这要求记者既做"审计专家"，又当"传播能手"，通过独特视角、细腻笔触，让审计监督的成效可知可感。

以党中央重大决策部署为"政治坐标"，以审计工作重点为"专业坐标"，以公众关注热点为"传播坐标"，三者交汇点即为我们的报道重点。多年来，我们扎根一线，以行走记录时代缩影，系统宣传新时代治国理政在审计领域取得的重要制度成果，大力宣传新时代审计工作高质量发展取得的新成效，弘扬审计光荣传统和优良作风，巩固壮大新时代的主流思想舆论，讲好新时代审计故事。

审计监督的触角延伸到哪里，记者的脚步就抵达哪里。近年来，我们聚焦"沿着总书记的足迹""守护民生幸福""生态文明建设""高质量发展"等主题先后推出《看审计　话民生》《绿色审计　美丽中国》系列报道，组织"三区三州"深度贫困地区扶贫审计一线采访活动、"走向我们的小康生活""新春走基层""新时代新征

程 聚焦审计高质量发展"等大型主题采访活动。

在民生审计的采访中，记者分赴云南、贵州等八省，深入到乡镇、村庄，走进群众家中听民声、察实情，通过保障房审计助力千万家庭"居者有其屋"、医保审计挽回百姓"救命钱"等鲜活故事，充分报道以人民为中心的发展思想在祖国大地上绽放的惠民硕果。

在资源环境审计报道中，记者立足小切口，讲好大故事，先后写出《守护大美青海》《福建：生态"高颜值"与发展"高素质"》《水碧天青"醉美"南粤》等深度报道，展现审计在推动生态文明建设和经济发展等方面发挥的积极作用。

聚焦高质量发展主题，五组记者分别选取吉林"两河一湖一江"治理、湖北长江大保护、云南九大高原湖泊治理、黑龙江黑土地保护、江苏优化营商环境等与国家重大战略、重大举措相关的审计项目开展调研式采访，以通讯、访谈、记者手记、短视频等多种形式，生动展现审计机关护航经济社会高质量发展的火热实践。

从白雪皑皑的白山黑水，到丛林茂密的云南边境；从山路十八弯的崇山峻岭，到海拔三千多米的青藏高原；从已经踏上致富路的革命老区，到改革创新的前沿阵地……记者用生动的笔触讲述坚守和奋进的故事，也深刻体会到，只有脚踩泥土，才能从审计项目的"问题清单"中，提炼出国家治理现代化的"改革清单"。

这是"四力"从理论到实践的生动映射。

二、融合强报：以"四力"重塑生产流程

习近平总书记强调，宣传思想工作要把握大势，加快推动媒体融合发展，使主流媒体具有强大传播力、引导力、影响力、公信力。

在数字化、网络化、智能化的媒体融合发展趋势下，作为审计机关意识形态主阵地，我们以深入学习实践习近平文化思想为使命，把创新内容供给形式、推动媒体融合作为改革发展的重点，巩固壮大网上主流思想舆论，让党的创新理论"飞入寻常百姓家"。

我们重塑生产流程，加强技术赋能，提升内容生产力，实现"四力"的乘数效应："脚力"要延伸，从"单次采访"到"多形态采集"，记者下基层需同步获取文字、图片、视频素材；"眼力"要升级，分析受众需求，精准定位"政策解读""审计解码""文化传播"三类内容赛道；"脑力"要跨界，建立"策划、采集、加工、分发"的全媒体协作链，让传统文字记者参与短视频创作；"笔力"要进化，从单一文本到交互式产品，用视频、动画、数据图解丰富表达维度。这一过程中，"全员转型"成为关键。

我们以《中国审计报》为核心，做精"一核"，强化"双翼"，通过立体化传播渠道和通俗化表达方式，打造兼具政治话语鲜度、专业叙事深度与大众传播温度的融合传播新范式，构建"硬核监督+柔性传播"的新型内容生态。

借助新媒体力量，我们不断加强"双翼"的力量：一为视频翼，通过短视频"让国家审计可视化"、让审计新闻从"专业话语场"向"公众舆论场"破圈；一为文化翼，通过构建云端上的审计文化家园，增强审计人的荣誉感、使命感，营造奋发有为、建功立业的职业氛围。

我们先后推出快闪系列《审计show》、H5《中央审计委员会来了!》、动漫短视频《新修订审计法来了! 这些"点"与你有关》等，不仅在审计系统内广受好评，更被新华网、人民网等主流媒体转发，全网可统计阅读量均超百万。

近年来，我们推出的全国两会特别节目《审计演播室》、新闻专题片《审计人的冬奥》、新闻Vlog《我在扶贫审计一线》、系列短视频《审计这十年》等媒体融合作品获得国家级、省部级各类新闻奖项二十余个。目前，《审计新视界》等新闻短视频栏目已成为报社重要的内容创作平台、全媒体队伍建设实践平台和媒体融合推进平台，实现了审计话语与新闻话语、网络话语的结合，为审计新闻传播注入新的活力，成为观察国家治理现代化的移动窗口。

三、文化兴报：以"四力"传承审计精神

"以审计精神立身，以创新规范立业，以自身建设立信"，是习近平总书记对审计

1. 2018年《绿色审计　美丽中国》系列报道版面图
2. 2024年2月,《中国审计报》"新春走基层"专版版面图

机关自身建设提出的明确要求。

审计不仅是技术性工作，更承载着"为国而审、为民而计"的价值基因。作为审计文化服务的主渠道，我们始终将"四力"实践与审计文化建设相结合。用"脚力"丈量历史，用"眼力"提炼精神，用"脑力"创新表达，用"笔力"书写传承。这种文化自觉，让我们的报道既有专业深度，又有精神高度，实现了"记录当下"与"启迪未来"的统一。

文化赋能，以底蕴提升传播品质。我们注重将文化基因注入内容生产——

从历史维度，策划《铭记》《走进审计博物馆》《家书故事》等专栏，让尘封的审计档案"活起来"；

从精神维度，推出《人物》《红色之旅　遇见初心》《我们的故事·旋律》等栏目，见证审计人传承的职业信仰；

从国际维度，通过《我与联合国审计》《周游漫笔》等栏目，展现中国审计参与全球治理的实践。

从职业叙事到人文叙事，从行业历史到国家记忆，从专业精神到时代精神……薪火相传，字里行间。我们记录审计人对党和事业的忠诚和信仰，也见证他们的青春与奋斗。以文化薪火锻造职业精神，专业性内容可以通过文化叙事"软着陆"，让硬核的审计监督变得有温度、有共鸣。

八年来，我们在"四力"实践中得出三点启示。

一是行业媒体需坚守"专业+"定位，以专业洞察力避免"泛媒体化"陷阱，以融合创新力突破"内卷化"困局。二是"四力"实践需系统化推进，将"脚力、眼力、脑力、笔力"作为有机整体，贯穿策采编发全流程。三是文化自觉是破圈关键，用文化叙事打通专业性与大众性的"任督二脉"，以"精神共情"突破"行业圈层"。

审计监督与经济、民生、文化、生态等领域深度交织，这为跨界叙事提供了天然场景。审计新闻的专业性并非传播壁垒，而是差异化优势，让更多青年记者到基层一线磨"脚力"、训"眼力"、动"脑力"、练"笔力"，改进文风，创新话语表达。通过

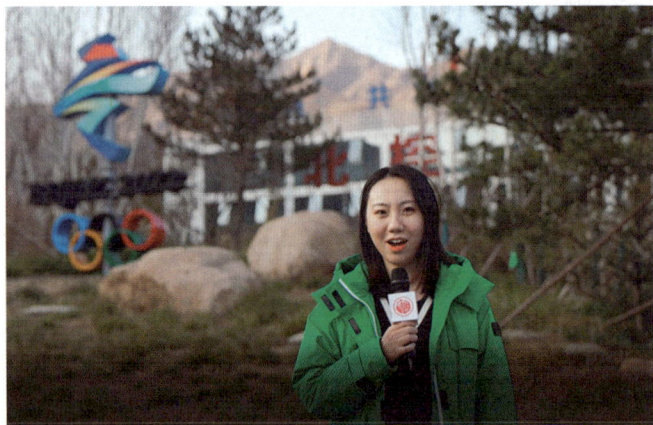

1.《中国审计报》记者2021年底在国家速滑馆开展审计人的冬奥主题
采访

2.《中国审计报》记者2022年初在河北张家口冬奥赛区采访

"硬核内容软表达"的策略，将审计术语转化为公众关心的民生议题，推出更多有思想、有温度、有品质的优秀作品。

"所当乘者势也，不可失者时也。"新征程上，我们要坚持以习近平新时代中国特色社会主义思想为指导，立足时代发展大势、把握媒体变革趋势，在审计监督护航高质量发展的壮阔征程中，以"四力"为舟、以创新为帆，既做改革发展的记录者，更当治理创新的参与者，于时代浪潮中书写属于审计传媒的华章，让经济监督"特种部队"的故事传得更远、更响、更深入人心。

践行"四力" 讲好中国式现代化开路先锋故事

中国交通报社有限公司总编辑

韩世轶

近年来,中国交通报社牢记习近平总书记对广大宣传思想文化工作者的嘱托,以高度的政治自觉践行"四力"(脚力、眼力、脑力、笔力),主动加强议题设置,用优秀的新闻宣传作品讲述传播交通人奋力加快建设交通强国,努力争当中国式现代化开路先锋的好故事。

一、在与交通同行路上锤炼"四力"

中国交通报社诞生于改革开放初潮起,成长于加快建设大跨越,壮大于逐梦强国新时代。40余年来文脉流芳,生生不息,成长为覆盖交通运输行业铁路、公路、水运、民航、邮政快递全领域的新型主流媒体。自诞生之日起我们便与行业同呼吸共命运,在海阔天空、水陆纵横中行走、观察、感知、记录,见证交通运输行业的辉煌伟业,为交通人树碑立传。

新中国成立以来,几代人逢山开路、遇水架桥,建成了交通大国,正在加快建设交通强国。目前,我国已建成全球最大的高速铁路网、高速公路网、世界级港口群，航空航海通达全球，综合交通网突破600万公里。我们用脚步丈量交通，始终保持"在路上"的精神状态，到广阔天地中感知交通运输发展的步伐。

交通运输是国民经济的基础性、先导性、战略性产业和重要的服务性行业，新事物不断涌现。在创新引领下，我国高铁、大飞机等装备制造已实现重大突破，新能源汽车占全球总量的一半以上，港珠澳大桥、北京大兴国际机场等超大型交通工程建成投运。我们用"眼力"观察行业，在日新月异的变化中描绘时代新景、擦亮交通名片，让流动中国的辽阔壮美画卷跃然眼前。

科技革命、人工智能、无人驾驶、低空经济……当前数字技术裂变式发展，交通运输正在加速拥抱新科技，大力发展智慧交通，以科技创新催生新产业、新模式、新动能，加快形成新质生产力。我们用"脑力"思考明天，在创新实践中感悟求索、洞察趋势，于变革浪潮中传递前沿新知。

交通人正在践行新时代交通精神，涌现出了一批又一批先进人物和先进集体，他们身体力行、努力创造着新时代的交通奇迹。我们用"笔力"镌刻华章，在有思想、有温度、有品质的精品力作中礼赞开路先锋、书写行业通鉴，用榜样的力量激励着交通人追求不平凡的人生。

二、在90亿人次的春运路上践行"四力"

实践是最好的试金石。到基层去、到一线去、到实践中去，交通报人双脚踏遍神州大地，也曾走出国门感知世界脉动。刚刚结束的2025年综合运输春运，是报社提升"四力"的最新实践。

2025年春运40天，与中宣部和中国记协"新春走基层"活动（30天）高度重合，我们将二者紧密结合，一体谋划、统筹推进。紧扣"平安春运、便捷春运、温馨春运"，以"奋进强国路　融融中国年"为主题，创新融媒体生产传播机制，讲好综合运输春运故事，生动展示流动的中国。

在90亿人次的春运路上践行"四力"，我们派出10名记者跟随交通运输安全生产重大风险隐患排查整治检查指导组，深入各省（自治区、直辖市）的车船路港等春运一线，开展舆论监督报道。同时，7个采编部门和36个记者站选派采编骨干深入基层一线，报道热点亮点，进一步创新报道主题、形式、内容，实现"一次采集、多元生成、多渠道传播"。我们精心选择了有特点的目的地前往采访。

——去最"冷"的地方。采编中心、融媒体中心以及驻站记者深入内蒙古根河市（"中国冷极"），记录养路工极寒坚守，推出报道《寒至极处春可望》及专题片《最冷的地方也最暖》，"交点"视频号几个小时即突破10万+阅读量，全网播放量超40万次，获"学习强国"首页推荐。

——去最"热"的地方。每年琼州海峡过海运输都是社会关注的热点。水运中心记者直击琼州海峡春运首日，报道新能源汽车过海新政及"双向奔赴"的温情服务，展现新气象。

——去最"愁"的地方。新能源车主"里程焦虑"如何破解？《我做一天春运人》品牌栏目连续5年深入一线，采编中心记者赴京港澳高速公路河北邯郸服务区，以第一视角讲述《满电还乡满爱在途》的故事。

——去最"新"的地方。科教中心记者探秘长江镇扬汽渡，展现人工智能助力春运，《当汽渡遇上高科技》短视频破圈热传。

——去最"土"的地方。运输中心记者走进云南陆良，与田间地头的农民朋友促膝长谈，用镜头记录物流园及冷链设施的繁忙景象，展现物流供应畅通对百姓餐桌的守护。

——去最"暖"的地方。文化与品牌中心记者跟随北京"的哥"劳模王建生，记录春运保障中的温暖故事，作品获中工网转发。

三、在融合创新中彰显"四力"

践行"四力"让我们与行业的关联越来越紧密，采写的新闻作品更加贴近实际、更有情感、更有活力。我们在推进媒体深度融合的进程中，不断追求用创新的方式方法去淬炼、彰显"四力"。

1　　1. 专题片《最冷的地方也最暖》
2　　2. 科教中心记者探秘长江镇扬汽渡，用《当汽渡遇上高科技》
　　　展现人工智能助力春运

让骄人的成就被看见。耸立云端的超级工程，大山深处的"四好农村路"，连通世界的机场、港口，连接民心的公交、驿站，奔驰在祖国广袤大地上的"复兴号"……我们的报道试图用文字、图片、视频、直播等方式全景呈现中国交通如何打通道路、消除贫困，如何跨越天堑、奔向小康，如何越洋跨海、联通世界，如何一步步解决"有没有""够不够""好不好"的问题，如何变"跟跑"为"并跑"再到"领跑"，如何从交通大国昂首迈向交通强国。

让动人的故事被听见。身材高大、皮肤黝黑的沙漠道班养路工、大货车司机与我们促膝长谈后不再掩饰感性、柔情的一面；又酷又飒的女搜救机长、女船长彰显不被性别定义、敢于战风斗浪的"她力量"；还有顶披朝晖晚霞、行驶于阖家团圆日的"城市摆渡人"，万家灯火时穿梭于大街小巷的快递小哥……我们用报网端微多媒体讲述、线上线下多平台传扬的一个个具备新闻价值的报道对象，构成有着鲜明时代印记的奋斗群像，有血有肉、有情有义、可敬可亲。

让伟大的精神被铭记。从车、船、港、站到地震、洪涝、冰雪灾区，从万众瞩目的宏大现场到日复一日的平凡场景，从千钧一发的救援行动到危急时刻的挺身而出，大浪淘沙、烈火真金，我们发掘、报道、选出过的许许多多人物和事迹，不仅干出了成就、树起了典范、彰显了价值，也演绎成精彩的传奇、凝练出新时代交通精神。胸怀"国之大者"，新闻写就史诗，激发出奋力加快建设交通强国、努力当好中国式现代化开路先锋的磅礴力量。

为推进媒体深度融合发展，我们制定了融媒体生产传播管理考核等采编方面的系列制度，全媒体矩阵不断拓展，传播力稳步提升。这些为我们提升"四力"提供了制度保障，有力推动采编队伍不断强起来，更好地担负起新形势下交通运输宣传思想文化工作的使命任务。

建立适应中央文化企业的绩效考核奖惩机制，充分调动采编队伍的主动性、积极性。编委会每月组织优秀作品评选，各项目评出好稿、特优稿若干。考核坚持公开、公平、公正、透明，突出原创导向、专业水准、创新能力、精品意识，以生产运输中心《八方纵笔绘春途》特别报道，派出10名记者，分别赴山西临汾、河北沧州、黑龙江哈尔滨、辽宁沈阳、北京、天津、云南楚雄等地一线采访质量、传播能力、融合水平、评价反馈作为主要考评指标。"好生活在路上""《中国交通报》融媒体生产传播机制创新""交通青年科学家精神传播平台"等项目接连获评国家新闻出版署中国报业深度融合发展创新案例。

中国交通报社将加快建成具有强大传播力、引导力、影响力、公信力的交通运输行业新型主流媒体，努力寻求新技术引领下的媒体系统性变革实践路径。不断提升站稳移动互联网主战场、引领交通运输主流舆论的核心竞争力；记录交通人奋力加快建设交通强国的梦想征程、中国式现代化开路先锋的奋斗风采，讲好辽阔、壮美大地上的交通故事、中国故事；传播相交相通的中国智慧，紧跟从交通大国迈向交通强国的进程，宣传展示中国交通高质量可持续发展的经验、成就、故事。

深入践行"四力"要求　讲好多党合作生动故事

团结报社总编辑

汪业芬

习近平总书记指出，宣传思想干部要不断掌握新知识、熟悉新领域、开拓新视野，增强本领能力，加强调查研究，不断增强脚力、眼力、脑力、笔力，努力打造一支政治过硬、本领高强、求实创新、能打胜仗的宣传思想工作队伍。"四力"是一个有机整体，相辅相成、不可分割，为新时期宣传思想干部队伍建设和新闻舆论工作指明了方向。

对于新闻工作者来说，"四力"既是基本功，也是硬要求；既是必修课，也是竞争力。其中，增强"脚力"是基础，增强"眼力"是前提，增强"脑力"是关键，增强"笔力"是保障。只有持续增强"四力"，才能触摸时代脉搏、感知社会变迁，才能洞察本质、明辨是非，才能站稳立场、掌握主动，才能"下笔如有神""妙手著文章"。

宣传思想工作无小事，中国新型政党制度的宣传更是兼具政治性、专业性、敏感性。作为民革中央主管主办的全国性统战主流媒体，《团结报》始终牢记"政治家办报"使命，将贯彻落实习近平总书记增强"四力"要求作为行动指南，多层次、多形式、多维度讲好中国故事、多党合作故事，努力成为习近平文化思想的践行者、中国新型政党制度的记录者，为巩固壮大主流思想舆论贡献力量。

在江苏团，三位民主党派成员向总书记面对面献策

煌言 团结报团结网 2024年03月06日 14:01
北京 🎧8人

2024 全国两会时间

　　3月5日下午，习近平总书记在参加十四届全国人大二次会议江苏代表团审议时强调，要牢牢把握高质量发展这个首要任务，因地制宜发展新质生产力。江苏代表团审议热烈，气氛活跃。崔铁军、高纪凡、宋燕、吴惠芳、吴新明、孙景南等6位代表发言。习近平不时插话，同大家交流。

民主党派中央主席眼中的"工作报告"

团结君 团结报团结网
2024年03月09日 12:37 北京 🎧6人

2024 全国两会时间

　　全国两会期间，作为全国人大常委会、全国政协领导同志，各民主党派中央主席按照会议安排和惯例会到所在代表团与代表们一起审议政府工作报告等，或参加所在政协界别小组讨论。今年，各民主党派中央主席围

1
2

1. 《团结报》2024年全国两会部分微信公众号文章
2. 《团结报》2024年全国两会特刊版面

一、在聚焦"国之大者"中践行"四力"

中国共产党领导的多党合作和政治协商制度，是我国一项基本政治制度。这一制度既植根中国土壤、彰显中国智慧，又积极借鉴和吸收人类政治文明优秀成果，是中国新型政党制度，具有鲜明的中国特色和独特的制度优势。创刊以来，《团结报》始终胸怀"国之大者"，把展示好、宣传好这一制度的优势、作用作为主责主业，将宣传阐释中国新型政党制度作为核心使命，以专业视角彰显制度优势，在充分展示各民主党派与中国共产党风雨同舟、肝胆相照的精神风貌中发挥了独特作用。

2024年全国两会期间，《团结报》以独家视角聚焦全国两会上的民主党派成员履职成效，策划推出《民主党派中央主席眼中的"工作报告"》《在江苏团，三位民主党派成员向总书记面对面献策》《三位民主党派成员走上首场"委员通道"》等多篇独家报道。开设"党派好声音"专栏，挖掘各民主党派中央重点提案背后的故事，推出《民盟中央建议关注平台经济规范与发展相互促进》《民建中央：强化企业科技创新主体地位》《民进中央建议加快商标法修改：支持中国品牌走向世界》等深度报道，以数据支撑、案例剖析增强说服力。

"泰山之高，背而弗见；秋毫之末，视之可察。"日常工作中，《团结报》不断提高站位，把握时间节点和工作重点，围绕民主党派在建言经济社会发展、服务脱贫攻坚及乡村振兴、开展长江生态环境保护专项民主监督等过程中的典型做法、显著成效开展持续报道。

二、在深入新闻现场中践行"四力"

《团结报》创刊于新中国成立初期，老一辈报人深入基层、深入群众的优良传统一直在传承。69年来，无论时代如何进步，技术如何发达，一代代《团结报》人始终坚持把文章写在大地上，坚持"不采访无文章"，以实际行动诠释"脚底板下出新闻"的真谛。

如2024年3月，习近平总书记看望参加全国政协十四届二次会议的民革、科技界、环境资源界联组委员并参加联组会。《团结报》提前策划、制定预案，安排资深记者于联组会后第一时间现场采访、第一时间整理成稿、第一时间多元发布，以"新媒体首发+深度解读+后续追踪"的全链条报道模式，立体呈现习近平总书记与政协委员共商国是的生动场景。《矢志不渝跟党走 同心协力襄伟业——习近平总书记在看望参加政协会议的民革、科技界、环境资源界委员时的重要讲话引发民主党派热烈反响》《把总书记的期盼转化为履职强大动力——民革组织和党员深入学习贯彻习近平总书记重要讲话精神》等稿件被广泛转载，及时传达了广大民主党派成员"牢记习近平总书记嘱托，把习近平总书记的殷殷期望转化为干事创业的不竭动力"的温暖心声。

2024年全国两会期间，《团结报》记者走进民革、民建、民进界别协商会现场，采写了《民建召开界别协商：唤醒沉睡的"盐碱地"》《现场直击|如何推进教育科技人才一体化？民进界委员与部委相关负责人面对面协商》《不断塑造发展新动能新优势——民革界别委员共同解码"加快形成新质生产力"》等现场报道，用平实的语言、生动的故事、细腻的笔触，为广大读者揭开诚意满满、务实高效的协商会神秘面纱，让协商民主更加可观、可感。

"闭门觅句非诗法，只是征行自有诗。"除了在重大主题报道中坚持一线采访外，《团结报》以"团结行"专题采访、"新春走基层"采访活动为抓手，深入全国各地民主党派基层组织、广大民主党派成员及人民群众中，在田间地头、车间厂房、活动现场等留下一串串坚实的足迹。2025年"新春走基层"活动中，《团结报》记者深入北京以及河北等省份的多个城市，登上春运首发列车、走进田间直播间、探访非遗传承地，把各地最乡土、最烟火、最具文化特色的美好图景通过文字、图片、视频呈现，既体现了民主党派的特色，又将弘扬优秀传统文化、促进两岸交流交往、展现春节经济欣欣向荣等思想和深意蕴含其中，作品地气十足。

1 2

1.《团结报》、团结网微信公众号开设2025年"新春走基层"专辑
2. 2025年"新春走基层"整版策划《恰是年味正浓时》

三、在媒体深度融合中践行"四力"

随着信息技术、人工智能的飞速发展和媒体格局的深刻变革，新闻工作者面临着前所未有的挑战和机遇。《团结报》认真学习贯彻习近平总书记关于媒体融合的重要论述精神，坚持"创新就是生产力、融媒就是传播力"的理念，聚焦平台升级和技术创新，坚持内容创新和流量深耕，走出了一条特色转型发展之路。

以宣传平台"管办分离"为契机，将《团结》杂志纳入报社媒体融合平台建设重要范畴，实现从"六位一体"到"多位一体"的新突破。团结网、团结e家客户端等6个载体取得互联网新闻信息服务许可证。按照"立足数量、追求质量、提升流量"的要求，把融合思维贯穿策划、采访、制作、传播全过程，既注重常规意义上的报道数量，更注重报道质量和传播效果，运用图解、VR、H5、短视频等方式生成新闻作品，既体现统战系统和民主党派特色，又具有融合传播特点。注重一次采集、多种生成、多元传播，将优质内容转化为符合不同渠道传播特点的新闻产品，最大限度提升传播效果。

团结报社持续认真学习贯彻党的二十届三中全会精神，按照"构建适应全媒体生产传播工作机制和评价体系，推进主流媒体系统性变革"的要求，不断深化改革，推进"移动化、交互化、个性化、智能化"和"用户思维+产品创新+服务提升"的融合创新实践，建设具有较强传播力和影响力的统战主流媒体，为讲好中国新型政党制度故事作出新的贡献。

四、在改进文风作风中践行"四力"

宣传思想工作是专业性很强的工作，没有几把刷子是干不了的，没有高素质、好把式、真功夫是干不出漂亮活的。无论是"读书破万卷，下笔如有神"的豪迈，还是"铁肩担道义，妙手著文章"的自信，都是新闻工作者的孜孜追求。

《团结报》注重锤炼采编人员文字功底，创新话语表达，推出更多富有魅力的

团结报社全媒体平台矩阵

融媒作品，力求既"有意义"又"有意思"，推动主题宣传更接地气、更动人心，以"思想性+可读性"提升传播质效。

为了让读者更好地了解中国的民主党派，在"3·15"之际，《团结报》精心策划推出《请远离！民主党派的"假称谓"》。充分运用互联网思维，以"错误示例+正确解读+党派简介"组合拳综合呈现，兼具实用性、科普性和引导性，对推动民主党派知识的社会化传播和科普，运用互联网讲好新型政党制度故事，发挥了积极作用，形成了示范效应。

《团结报》鼓励编辑记者适应媒体融合发展趋势要求，聚焦移动化、社交化、可视化的互联网特征，合理运用大数据、人工智能、虚拟现实等新技术提高新闻作品创作水平，加速向"全媒体人才"转型，最大程度提升新闻报道的传播力和影响力。探索有声海报、动态海报以及海报+音频+文字的多形态报道形式，注重版面内容的可视化提炼和差异化呈现。视频《民革党员李荣凯谈"邯郸初中生遇害案"》《习近平主席特使何报翔将于5月26日出席科摩罗总统就职典礼》等点击量超百万。"党派名人贺新春"栏目邀请冯巩、黄渤、黄晓明等为读者拜年，反响热烈。

正是源于对"笔力"的重视和追求，《团结报》重大主题报道多次获得中宣部《新闻阅评》专题点评，多篇记者作品荣获全国人大好新闻、全国政协好新闻等国家级奖励。2021年，作为团结报社新闻内容主要生产部门的新闻部荣获"各民主党派、工商联和无党派人士为全面建成小康社会作贡献评选表彰"先进集体，也是100个先进集体中唯一一家新闻单位。2024年，团结报社新闻部荣获"中央和国家机关五一劳动奖状"。

当下，媒体融合正处于迈向变革深水区的关键节点，践行"四力"只有进行时，没有完成时。2026年，《团结报》将迎来创刊70周年，我们将以习近平新时代中国特色社会主义思想为指导，按照意识形态工作责任制和主流媒体系统性变革要求，在持续践行"四力"的过程中更加深入基层群众、精准研判形势、提高政治站位、创作精品佳作，以高质量新闻舆论工作讲好新时代多党合作故事，为坚持好、发展好、完善好中国新型政党制度贡献更大力量！

请远离！民主党派的"假称谓"

团结报团结网 2025年03月10日 18:02 北京

🎧 105人

　　全国两会即将闭幕，会议期间，代表委员的声音通过媒体进行广泛传播，其中很多代表委员的民主党派成员身份也受到社会大众的关注。

　　"民革是国民党吗？台盟都是台湾人吗"还有一些人对民主党派名称产生误解，通过团结报团结网这篇经典的《请远离！民主党派的假称谓》来了解一下我国的民主党派和新型政党制度吧。

党派名人贺新春｜民革党员、曲协主席冯巩"想死你们啦"

团结报团结网 2024年02月09日 12:32 北京

1 | 2

1. "3·15"特别策划"请远离！民主党派的'假称谓'"
2. "党派名人贺新春"视频截图

夯实"四力"基础　谱写体育华章

························

中国体育报业总社有限公司副总经理、中国体育报总编辑

杨旸

··········

　　走进国家队训练基地，"基础不牢、地动山摇"的标语格外醒目，哪怕是最顶尖的国家队运动员，也需要日复一日打磨基本功，越是大赛，比拼得越是谁的发挥更稳定、基本功更扎实。作为国家体育总局党组机关报、"体育传媒国家队"，中国体育报也同样将提升编辑记者"脚力、眼力、脑力、笔力"作为基本功、必修课，通过系统学习、主动实践，不断强化思想认识，提升干事创业本领，增强服务体育强国建设中心任务、主动融入经济社会发展大局的能力，以实际行动贯彻落实习近平文化思想以及习近平总书记关于体育的重要论述和重要指示批示精神，大力弘扬中华体育精神、北京冬奥精神，不断提高自身传播力、引导力、影响力、公信力，为实现2035年建成体育强国的目标营造氛围、凝心聚气。

一、站稳人民立场　筑牢"四力"根本

　　习近平总书记强调，党性和人民性从来都是一致的、统一的，中国共产党根基在人民、血脉在人民、力量在人民。中国体育报作为1958年成立，拥有68年发展历史的

"老报"，自诞生之日起就拥有鲜明的"人民基因"。无论是最早发表于我社《新体育》杂志上毛泽东同志"发展体育运动，增强人民体质"的题词，还是发起于20世纪70年代末，通过读者投票选出的"全国十佳运动员"，无不彰显了《中国体育报》的"人民本色"。

进入新时代，媒体格局和舆论生态发生了巨大变化，但中国体育报坚守"办报为民"的初心，继续在版面保留"读者点题"栏目，通过编读往来精心撰写读者关心关注的运动队、运动员稿件；对读者来信、来电高度重视，认真答复的同时也作为报道的选题方向。一段时间以来，我们接到了大量关于畸形"饭圈文化"侵袭体育界的来信、来电，表达了对畸形"饭圈文化"影响运动员训练、比赛，扰乱赛场环境的愤慨、担忧。《中国体育报》编辑部第一时间成立由总编辑牵头的采编报道小组，深入国家队一线，了解国家队运动员、教练员的思想动态；主动与体育总局相关业务司局、项目协会沟通联系，确定选题方向；拓宽报道思路，在寻求中宣部、国家网信办支持的同时，加强与司法界、媒体界、学界联系，探索多措并举治理畸形"饭圈文化"的可能性。《中国体育报》于2023年11月27日推出"钟体平"评论文章《坚决抵制"饭圈"乱象 聚力聚焦事业大局》，呼吁社会各界让运动员安心、专心聚焦本职工作，更好发挥体育榜样的力量，表明了鲜明的态度。此文在全网引发热烈反响，《人民日报》、新华社、央视等中央主流媒体跟进报道，国家体育总局开展的国家队思想道德和作风建设专项教育工作，也将抵制畸形"饭圈文化"列为重要内容。之后一年多的时间，《中国体育报》连续围绕治理畸形"饭圈文化"主动发声，亮明立场观点。不久前刚刚闭幕的2025年全国两会期间，再次组织撰写《人大代表、政协委员建言献策 多措并举治理"饭圈"》稿件。近日，多支国家队发布文明观赛倡议，坚决杜绝畸形"饭圈文化"，对赛场上不理智行为说不，赛场环境明显改善。在此过程中，《中国体育报》发挥了重要的舆论引导作用。

提升"四力"的根本任务是更好地服务人民，将"民之所盼"用"我之所为"呈现出来。与此同时，站稳人民立场、厚植人民情怀也是提升"四力"的前提和基础，唯有想人民之所想、急人民之所急，才能在新闻宣传报道中坚持正确的政治方向、舆论导向、价值取向，才能解决好"为了谁、依靠谁、我是谁"这个根本问题，才能让脚下的泥土更加坚实，眼中的故事更加鲜明，脑中的思考更为深邃，笔下文字更见真情。

二、坚持内容为王 紧扣"四力"核心

全媒体时代，尽管新闻的生产方式、技术手段、传播渠道发生深刻变革，但不变的是"内容为王"的基本逻辑。近年来，中国体育报坚持在"报网端微号"全平台发力，突出"挖深度、有态度、可视化"三大特点，将"走基层、转作风、改文风"的要求融入策划创意、采访编辑、产品制作全流程，让正能量成为大流量、产生大声量，发挥好主流媒体作用，为进一步深化体育改革、推动体育事业高质量发展。

2023年，中国体育报推出"高质量发展调研行"专栏，通过实地调研采访，深入基层、扎根一线、进入现场，挖掘全国各地在全民健身、青少年体育、竞技体育、体育产业、体育文化等领域的创新创造实践、典型经验做法，以实际行动提升"四力"，彰显基层一线在体育强国建设过程中"基本盘"的作用。我们来到贵州榕江，了解"村超"的发展历史，探讨未来走向，总结文化特色，推出了《从"找乐子"到"探路子"》《我们早就准备好了！》《从"村超"到"班超"的进化之路》等系列调研稿件，得到榕江县委县政府的高度评价，在业界引发关注反响。为破解足球"12岁退役"现象，我们历时三个月，对北京足球青训工作进行调研，推出《"12岁退役"背后的原因是什么？》《走训制：资源夹缝中的体系建设》《从基础做起 让青训看到曙光》等稿件，"12岁退役现象"被写进了体育总局等12部门联合印发的《中国青少年足球改革发展实施意见》；我们深入社区学校，走到田间地头，真切感受到了体育在人们生产生活、经济社会发展中的重要作用，提升"高质量发展调研行"品牌影响力的同时，也为体育强国建设贡献媒体智慧和力量。

1 2 1、2.《中国体育报》围绕治理畸形"饭圈文化"主动发声，亮明立场观点
3 4 3、4.《中国体育报》推出"高质量发展调研行"专栏，深入基层、扎根
一线、进入现场，挖掘创新创造实践、典型经验做法

可视化是媒体内容创新与传播转型的主战场。近年来，中国体育报整合优化视频团队，以"主力军"的姿态加速挺进"主战场"，除了按照"短实新"的要求在奥运会、亚运会、全运会等大赛期间制作生产"第一落点"的赛况、采访、分析的轻量化内容外，也充分发挥自身深入一线队、深入体育各领域的优势和特长，制作一系列"长视频"作品，传播体育文化。最典型的案例当属在进行北京足球青训调研过程中，记者了解到北京国安球迷杨雪因病去世的消息，北京国安足球俱乐部、球迷组织开展了一系列纪念缅怀活动，通过多方联系、扎实采访，制作成名为《聚·爱　不止足球》的长视频产品，讲述了杨雪去世前后的感人故事，有效挖掘了积极正面的足球文化，获得了良好的传播效果，全网播放量近千万次，登上新浪微博"体育热搜"榜单，成为现象级足球文化视频产品。更让我们欣慰的是，该视频也得到了很多非北京球迷的支持和认可，一定程度上扭转与改善了当时不同地域、不同球队间球迷彼此攻击、倾轧的不良风气，展现了足球的正能量。

内容永远是根本，融合发展必须坚持"内容为王"，以内容优势赢得发展优势。提升"四力"的重要成果就是生产出更多有品质、有品牌、有价值的内容，用思想深度、传播广度、情感温度打造"硬通货"，赢得受众的"好口碑"。

三、保持终身学习　护航"四力"提升

人工智能、5G、大数据等新技术正在深刻改变人们的生活，媒体工作者更应该紧跟时代潮流，时刻保持好奇、虚心，树立并实践终身学习理念，才能积极应对传播内容、呈现方式、新闻产品不断迭代升级带来的新挑战。体育界有句话：走下领奖台，一切从零开始。《中国体育报》也以打造"学习型"报社为目标，时刻保持"归零"心态，向报社68年的深厚历史学，向采访对象的精神事迹学，向时刻发生的鲜活事件学，向出色出彩的同行学，从学习中进一步坚定发展信心，汲取前进力量。

"68岁"的《中国体育报》是新中国体育事业的记录者、见证者，同样也是新中国体育历史的一部分。为了用好用活《中国体育报》这座体育历史"宝库"，中国体

中国体育报
CHINA SPORTS DAILY
2024年8月
2
星期五

高志丹在巴黎奥运会期间会见有关国际体育界领导人

从“看台观战选手”到世界最强“飞鱼”
潘展乐将金牌献给伟大的祖国

一骑绝尘 杨家玉从容走出冠军节奏

强势逆转 最后三枪定乾“坤”

战胜世界第一进决赛 网球历史“郑”在创造

中华体育精神在巴黎奥运会赛场上熠熠生辉

育报一方面搭建常态化沟通交流平台，邀请报社老领导、老同事定期与新记者编辑沟通交流工作心得、采访经验，另一方面深挖老报纸好内容、好版面，策划制作"《中国体育报》下午茶"融媒体产品，让老报纸焕发新活力、讲述新故事。如在年代剧《小巷人家》热播时，结合剧中出现的许海峰1984年洛杉矶奥运会内容，策划《重温中国奥运首金》，将《中国体育报》1984年8月1日的版面及社论《伟大的一天》以融媒体的形式再次呈现在读者面前；如将冰心、臧克家、史铁生等名家在《中国体育报》发表的体育类文章进行整合集纳；再如面对畸形"饭圈文化"的不理智，介绍20世纪80年代女篮运动员宋晓波与群众通信的故事，呼吁运动员和粉丝良性互动，相互促进，在各自的领域共同成长。

国家队运动员、教练员是《中国体育报》的采访对象，更是挚友和学习榜样。通过常年接触、深入采访，《中国体育报》了解了很多运动员、教练员成长奋斗背后的故事，并通过跨部门常态化分享交流，将以"为国争光、无私奉献、科学求实、遵纪守法、团结协作、顽强拼搏"为主要内容的中华体育精神融入日常工作、日常要求。杭州亚运会女子轻量级双人双桨颁奖仪式后，前方记者敏锐地观察到邹佳琪先把合影用的国旗认真叠好后才退场，受教育被感动的同时制作了短视频产品，瞬间刷爆网络，成为"爆款"。巴黎奥运会赛场上，面对西方势力打着反兴奋剂的旗号，蓄意抹黑中国运动员的丑恶行径，面对赛场内外国外选手的冷嘲热讽，面对前几个比赛日未获一金的压力，潘展乐在男子100米自由泳决赛中以打破世界纪录的成绩强势夺冠，就此在拉德芳斯游泳馆掀起"红色波涛"，常年跟踪采访游泳专项记者也眼含热泪写下《潘展乐将金牌献给伟大的祖国》的标题，深情讲述了潘展乐金牌背后的感人故事。

在实践中学习，在学习中实践，是马克思主义方法论的生动体现，也是提升"四力"的必由之路。在未来的工作中，《中国体育报》将继续坚持守正创新，聚焦主责主业，以讲好中国体育故事、传播体育正能量为己任，推动采编队伍不断夯实"四力"基础，以"脚踏实地、眼观六路、脑思全局、笔绘宏图"的责任和担当，谱写新征程上推进中国式现代化的体育华章。

增强新闻"四力" 书写万千气象

——中国气象报社打造走基层采访活动品牌实践

中国气象报社总编辑

冉瑞奎

在媒体格局深度调整、传播技术迅猛发展的当下,行业媒体的发展既面临诸多挑战,也迎来难得的机遇。习近平总书记指出:"宣传思想干部要不断掌握新知识、熟悉新领域、开拓新视野,增强本领能力,加强调查研究,不断增强脚力、眼力、脑力、笔力,努力打造一支政治过硬、本领高强、求实创新、能打胜仗的宣传思想工作队伍。"这一重要论述为新时代行业媒体增强工作本领、实现高质量发展指明了方向,提供了根本遵循。

中国气象报社积极践行"四力",精心打造"绿镜头·发现中国"等大型走基层采访活动品牌。通过一系列创新举措和生动实践,不仅为气象高质量发展营造了良好氛围,还为讲好行业故事探索积累了有效范式。

一、围绕中心服务大局,精准设置议题

策划一场持续、高产且富有影响力的走基层品牌活动,明确方向、找准切入点至关重要。

中国气象报社始终聚焦新时代中国气象高质量发展，特别是各地气象部门贯彻落实习近平总书记关于气象工作的重要指示精神，加快推进气象科技能力现代化和社会服务现代化的实践成果，并以此为主线确定活动主题。同时，从细微处着眼，精准捕捉"大局""大势"在基层一线的生动体现和鲜活实践，以此为线索细化活动选点。

生态文明建设是国家的重要战略部署。气象部门在推进生态文明建设、生态文明体制改革，以及保障国家生态安全和气候安全方面发挥了重要作用。自2013年起，中国气象报社联合中央主流媒体及地方媒体组织开展"绿镜头·发现中国"主题采访活动，深入报道各地推进生态文明建设的探索与实践，以新闻眼光关注生态，从经济社会发展视角解读生态，为国家推动形成绿色生产生活方式提供有力的舆论支持，被写入《中国应对气候变化的政策与行动》年度报告。2024年，在选题上，聚焦沙源地生态治理、气候生态价值转化、海洋生态建设等多个领域，从独特视角反映气象与生态、经济之间的紧密联系，彰显气象部门在生态文明建设中的积极贡献。

2023年，中国气象报社敏锐关注到基层气象台站作为气象业务服务的基石、气象事业发展的生命线，在党的十八大以来取得了快速发展和突出成就。基于此，精心策划"中央媒体走基层看气象——寻访最美气象台站"主题采访活动。活动得到中国行业报协会的指导，吸引了各中央媒体的高度关注。在实际操作中，围绕气象服务经济社会发展成效显著、充分发挥气象防灾减灾第一道防线作用保障人民生命财产安全、弘扬传承气象文化这三类标准，确定了61个基层气象单位。通过深入挖掘这些单位的故事，以小见大，展现当地气象高质量发展成果、服务地方经济社会的成效，以及气象优良作风的传承与弘扬，为气象高质量发展凝聚精神力量。

二、扎根基层深入一线，挖掘鲜活素材

新闻工作者只有深入基层、贴近群众，用双脚丈量大地，用双眼观察世界，用双耳倾听民声，才能获取第一手资料，了解真实情况，创作出有深度、有温度的报道。

近年来，中国气象报社派出采访组，上山下海、跨越南北，深入全国各地基层

1

2

1. "绿镜头·发现中国"报道组在天津港采访天津港第二集装箱码头
有限公司。操作部经理助理管考举
2. "绿镜头·发现中国"主题采访组在LNG江苏接收站采访气象服务
情况

气象部门及相关产业一线挖掘新闻素材，取得了显著的宣传成效。

在"绿镜头·发现中国"主题采访活动中，中国气象报社携手人民日报、新华社等100多家（次）中央媒体、行业媒体、地方媒体，走进17个省（自治区、直辖市），从多个角度、深层次宣传各级气象部门服务地方经济社会高质量发展的成效，多篇报道入选中央网信办正能量稿池，多期报道登上人民日报客户端热点榜、新浪微博本地热搜榜。报道组通过深度报道，展示地方落实相关政策的典型举措和成效，如围绕石漠化治理推出《广西气象科技加持，让秃山披绿生"金"》；聚焦重庆市沙坪坝区防汛救灾"数字化"能力建设，推出《数字气象助力山城治理：从被动抢险到主动防灾》；展现陕西商洛作为全国首个气候生态产品价值实现机制试点市的工作成效，推出《气候资源撬动文旅"大市场"看商洛如何点"绿"成"金"》等报道，形成了良好的"破圈"效应。

在"中央媒体走基层看气象——寻访最美气象台站"主题采访活动中，《人民日报》、新华社、中央广播电视总台、光明日报、科技日报、农民日报等中央和地方媒体记者近200人次，实地走访了12个省（自治区、直辖市）的31个市、县。报道组深入海南保亭、湖南张家界、广东茂名、辽宁铁岭等地的文旅产业基地、田间地头、果园茶山，宣传气象服务地方经济社会发展、为农服务和防灾减灾的成效；与海南三沙市、吉林长白山天池气象站等基层气象部门干部职工同吃同住同工作，从小切口、以实景化的方式呈现气象文化和气象人的精神风貌。其中，聚焦广东博贺海洋基地科研人员的科学精神和科研成果，《人民日报》（海外版）刊发《气象观测守护南海安澜》，科技日报报道《从海洋中找答案，让台风预报更有底气》；聚焦三沙气象工作者坚守海岛的事迹，《人民日报》刊发整版文章《海南三沙气象工作者——坚守海岛66年》，新华每日电讯刊发《在南海"观天"》，新华视点刊发《在南海"观天"的年轻人》，引发行业内外广泛关注和讨论。

三、内容为王创新形式，提升传播效果

"笔力"是新闻工作者的基本功，是精准表达和传递真情的关键。在媒体融合时代，

12 旅游天地

人民日报

2024年11月6日 星期三

"气象+"为乡村旅游添活力

本报记者 朱金宜

浙江省湖州市安吉县黄杜村白茶基地。 资料图片

特色产业 农旅融合

傍暖小村 体验"上新"

重访兰州

一

「世界旅游联盟·湘湖对话」举办

本报记者 赵 署

云南：绿电助力 旅游更美

严 郑 李 坂

提升"笔力"需要以内容建设为根本，以先进技术为支撑，充分发挥创新优势，以实现精细化编辑、精品化呈现为目标。

在走基层活动中，中国气象报社记者、编辑积极拥抱新技术，推出了一批紧扣主题、传播力强、互动性高的融媒体产品，让气象宣传走进更广泛的受众群体。

在"绿镜头·发现中国"主题采访活动中，报道组充分考虑报、网、微、端不同平台的特点，针对地方推动气候生态价值产品实现、气象服务经济社会发展、服务国家重大战略和重点工程等不同主题，创新推出图文、视频、整版策划等多种形式的组合报道。其中，系列Vlog视频报道通过记者的第一视角，以小见大呈现气象服务亮点，收获众多网友点赞；在报、网、新媒体端开设的专题、专栏，为活动宣传营造了浓厚的舆论氛围。活动相关话题多次登上地方新闻、社交媒体热搜，阅读量和讨论量持续攀升。

"中央媒体走基层看气象——寻访最美气象台站"主题采访活动同样通过文字、图片、无人机航拍、短视频、手绘、网站专题、话题等多种方式，全面展示各地气象服务成效。其中，在报道我国唯一一个海上有人值守气象站——天津渤海埕北A平台国家基本气象站气象工作者连续35年不间断观测的感人故事时，在中国行业报协会指导下，先由气象媒体矩阵、人民网、中国网等多家媒体通过图文、短视频等形式进行报道，之后联合新华社客户端首屏、新媒体专线、现场云频道重点推出《实干中国 | 一人一站！渤海之上"观天人"》。在中央网信办的支持下，该报道获得全网置顶推荐，近130家媒体转发，阅读量破亿，引起较大反响。

四、机制先行汇聚合力，助推高质量发展

行业媒体的宣传报道若要形成强大声势、产生广泛影响，仅靠单打独斗难以实现，必须拓展合作"朋友圈"，加强与主流媒体的协同、合作与共创。

近年来，中国气象报社着力统筹气象官方媒体阵地、合作媒体阵地和自媒体阵地三大阵地资源，特别与19家中央主流媒体探索建立重大主题报道"一媒体一策"台

| 1 | 1. 新华网刊发报道《实干中国｜一人一站！渤海之上"观天人"》 |
| 2 | 2. 新闻联播刊播新闻《我国新一代气象超算系统建成》 |

账，构建包括走基层在内的宣传联合策划机制，与重点媒体建立信息共享"绿色通道"机制。

借助这一举措，2024年，中国气象报社联合中央主流媒体推出193篇相关报道，与交通、能源、电力、金融、生态等多个行业媒体合作，推出系列图文报道，有力扩大了气象声音。其中，央视《新闻联播》播出的《我国新一代气象超算系统建成》时长超过1分钟，入选中央电视台年度国内十大科技新闻；联合《民生周刊》推出的气象特刊，以"优质气象服务增进民生福祉"为主题，双方团队深入多个省份采访，讲述气象部门在防灾减灾、惠及国计民生方面的故事，剖析气象服务保障粮食安全、助力脱贫攻坚等案例，为气象服务的优化和拓展提供了思路，切实履行了行业媒体的监督职责，发挥了智库作用。

为用好媒体联动报道机制，中国气象报社以走基层活动为依托，进一步打破媒体间的层级、地域限制，为气象高质量发展汇聚智慧和力量。

例如，在"绿镜头·发现中国"主题采访活动中，报道组在天津创新采用实地探访、跨界智谈、巅峰对话、高端访谈等多种形式，为丰富宣传内容和形式提供了新视角，还促成多家医院主动与当地气象部门开展联动合作。

在"中央媒体走基层看气象——寻访最美气象台站"主题采访活动中，报道组走进保亭县、五指山市，总结"气象+康养"的发展经验，推动首届森林康养五指山论坛在海南省五指山市水满乡举办，促使第三届海南康养医疗旅游发展高峰论坛暨中国康养（博鳌）大会宣布保亭雅布伦·享水谷旅游度假区康养基地、保亭布衣农庄康养园入选第三批海南省康养旅游示范创建基地名单。

深化"四力"锤炼，讲好铁路故事

《人民铁道》报业有限公司总编辑
毕锋

· · · · · · · · · ·

　　习近平总书记指出："宣传思想干部要不断掌握新知识、熟悉新领域、开拓新视野，增强本领能力，加强调查研究，不断增强脚力、眼力、脑力、笔力，努力打造一支政治过硬、本领高强、求实创新、能打胜仗的宣传思想工作队伍。"总书记的重要指示，饱含着对广大宣传思想干部的殷切希望，为宣传思想战线提高站位、夯实基础、开创工作新局面指明了前进方向，提供了根本遵循。

　　作为诞生于解放战争炮火之中的行业主流媒体，《人民铁道》报社的血脉里天然流淌着"始终听党话、永远跟党走"和"到基层去、到一线去"的红色基因。进入新时代，《人民铁道》报业有限公司坚持以习近平新时代中国特色社会主义思想为指导，深入贯彻习近平文化思想，认真落实国铁集团党组、中国记协和中国行业报协会的部署安排，组织广大采编人员持续加强"四力"锤炼，认真练就"十八般武艺"，精心推出有思想、有温度、有品质的新闻作品，为加快建设世界一流铁路企业、巩固壮大奋进新时代的主流思想舆论提供了坚强有力的支持。

一、以政治方向为魂，筑牢"四力"根基

增强"四力"，政治立场是根本。《人民铁道》报业有限公司党委始终坚持"党报姓党""政治家办报"原则，把增强政治定力、提高政治站位作为新闻队伍建设的首要任务，严格落实"第一议题"制度，认真学习习近平新时代中国特色社会主义思想和习近平总书记对铁路工作的重要指示批示精神，不断用科学理论武装头脑、指导实践，不断提高政治判断力、政治领悟力、政治执行力，牢牢把握正确的政治方向、舆论导向和价值取向。

在学深悟透、融会贯通的基础上，报业公司把"四力"教育作为贯彻落实习近平总书记重要指示批示精神的具体行动，通过以上率下、上下联动的方式，大力营造"全员走基层、人人强四力"的浓厚氛围，真正把习近平新时代中国特色社会主义思想转化为指导实践、推动工作的强大力量。从积极响应中宣部、中国记协组织开展的"新春走基层"活动，到自主策划开展"暑运走基层""冬运走基层""一线调研行"等活动，公司班子成员始终以身作则、率先垂范，持续带领广大编辑记者深入铁路运输一线、建设现场和偏远小站，与基层干部职工打成一片。在实地调研过程中，大家自觉从习近平总书记重要思想、重要讲话和对铁路工作的重要指示批示精神中找方向、找思路，从铁路改革发展火热实践和一线职工履职奉献中找落点、找故事，做到上接天线、下接地气，始终与党中央同频共振，与行业发展同向同行。

二、以一线现场为源，激活"四力"动能

铁路是国民经济大动脉，有铁路的地方就有《人民铁道》报记者的身影。抗美援朝时期，《人民铁道》报记者跟随铁道兵一起奔赴朝鲜战场，不顾生命危险发回大量极具影响力的报道，让国内民众及时了解前线动态。20世纪80、90年代，老一辈《人民铁道》报记者徒步襄渝线、横穿大陆桥，以双脚探索新闻现场，创造了闻名全国的"脚板精神"。进入新时代，《人民铁道》报业有限公司把走基层作为全体采编人员的

1　　　1. 2025年春节前夕，《人民铁道》报记者深入中国最北编组站
2　　　　 三间房站采访

　　　 2. 2025年春运返程高峰期间，《人民铁道》报记者在梅州西站
　　　　 采访

"基本功"，把重大主题采访活动作为"四力"锤炼的"练兵场"，激励广大编辑记者在基层实践中锤炼优良作风、厚植人民情怀、提升业务水平。

2021年郑州暴雨、2023年丰沙线水害、2024年华中冰雪灾害期间，《人民铁道》报业公司"闻令而动"，迅速组建特别报道组，第一时间打响抢险救灾报道突击战。面对断路、断水、断电等重重困难，记者团队挺身而出、向险而行，昼夜兼程采写一线报道，及时回应社会关切，有力引导舆论走向，在关键时刻唱响了主旋律，弘扬了正能量，充分发挥了行业主流媒体的舆论"压舱石"作用，得到国铁集团党组的充分肯定。2025年铁路春运期间，面对5.1亿人次的超大客流，报业公司精心策划"新春走基层"活动，组织采编团队220余人深入基层一线，全媒体发稿1500余篇，生动讲述中国式现代化铁路春运故事，立体呈现"流动中国"的蓬勃活力，为全路打赢春运攻坚战提供了有力舆论支持。

三、以融合发展为径，提升"四力"质效

习近平总书记强调，人在哪儿，宣传思想工作的重点就在哪儿。身处全媒体时代，新闻工作者既要俯下身、沉下心、察实情，亲身走进基层、走进一线，练就线下实地调查的基本功；也要深入互联网舆论场，掌握网络传播规律，做好线上社会调查，加强数字时代无形的"脚力"。我们秉持"线上线下同步，'脚力'脑力并重"的理念，将加强"四力"锤炼与推进媒体融合发展紧密结合，持续打造兼具吸引力、感染力与亲和力的精品佳作，实现传播力、引导力、影响力、公信力的显著提升。

2025年全国两会报道期间，报业公司以技术赋能推动内容生产，强化小屏传播和多形态融合，用轻量化、年轻化、互动化的传播方式，精准触达各类受众，取得良好的传播效果。特别是《人民铁道》报业公司在"两微一抖一快"等平台精心推出的《一张同框照 一幅新图景》《库尔班大叔的曾外孙女：最想带曾外祖父乘坐和若铁路》等短视频产品，通过一张现场照片、一段人物原声、一个感人故事，生动展现现代

原创　人民铁道　人民铁道

2025年03月06日 08:28　北京　🎧10人

🔗 郭瀛潆 ♡

人民铁道　人民铁道 ✔

👍 431　↪ 59　♡ 285　💬 写留言

"蛇形走位"的火车冲上热搜！网友惊叹：怎么这么丝滑？

原创　中国铁路　中国铁路

2025年02月07日 07:50　北京　🎧37人

蛇年春节前夕
一条拍摄于编组站的
铁路版贪吃蛇短视频
在网络上走红

相关话题迅速冲上热搜
吸引众多网友点赞留言

1 ｜ 2

1. 全国两会融合报道《一张同框照　一幅新图景》
2. 新媒体产品《"蛇形走位"的火车冲上热搜！网友惊叹：怎么这么丝滑？》全网传播量突破5亿次

表委员眼中的社会发展变迁，充分反映出人民群众满满的获得感与幸福感，受到行业内外一致好评。

"四力"强不强，效果见真章。近年来，《人民铁道》报业公司连续4年斩获中国新闻奖，多次荣获"新春走基层"活动先进集体称号，中国铁路、人民铁道微信公众号和中国铁路抖音号等传播平台先后荣获"走好网上群众路线百个成绩突出账号"。2025年"新春走基层"活动，公司一举揽获"全国性行业媒体'新春走基层'优秀团队和优秀作品"两项荣誉；人民铁道、中国铁路微信端产出32个10万+阅读量的爆款，单个产品全网传播量高达5亿次。此外，还有多篇报道被中央网信办推荐全网传播，多部作品入选中国记协"我的代表作"专栏，充分验证了"四力"锤炼的显著成效。目前，报业公司建设运维的媒体平台达到17个，形成"人民铁道""中国铁路"两大矩阵，《人民铁道》报发行量超过36.4万份，全媒体受众总量超过6300万，历经70多年风雨磨砺的行业老报焕发出勃勃生机。

四、以机制创新为翼，推动"四力"常青

"基层是新闻报道的源头活水，好新闻是用脚丈量出来的。""只有深入现场捕获'活鱼'，才能烹饪出鲜美可口的新闻菜肴。"这是报业公司青年采编人员在2025年"新春走基层"活动中的深刻感悟。基于这些感悟，报业公司趁热打铁推进四项改革，将"四力"实践转化为文风转变的"催化剂"、能力提升的"磨刀石"、媒体融合的"助推器"，在知行合一中实现"脚力、眼力、脑力、笔力"全面提升。

一是制度革新勤练"脚力"。建立记者站包保制度，选派骨干记者对口联系全国铁路18个记者站；实施青年人才基层轮训计划，安排新入职大学生分批次到铁路基层站段学习锻炼；多管齐下推进走基层制度化、常态化，全力培育既懂新闻传播规律又通铁路专业知识的复合型人才队伍，为报业公司高质量发展提供坚实人才保障。二是**文风转变催生"眼力"。**大力倡导"短实新"的优良文风，树立"工作成果故事化表达、专业知识通俗化表达、服务举措社会化表达"理念，努力做到"跳出铁路看铁

路"，以社会视角、百姓语言讲好铁路故事，持续提升行业报道的亲和力和感染力。**三是项目运作激活"脑力"。**打破部门分工和岗位壁垒，组建"春运一线行"项目组，打造"小郭开麦""小金探两会"等工作室，构建适应全媒体生产传播工作机制和评价体系，不断激活年轻人才的创新创造活力，推动媒体融合纵深发展。**四是报纸改版提升"笔力"。**启动报纸改版工作，确立"版面留给基层，镜头对准一线"的鲜明导向，大幅增加基层报道比重，开设"春运故事""现场速写""一线采风""蹲点见闻"等栏目，使"天天有基层稿件上头版"成为新常态。

时代大潮奔涌向前，唯有勇立潮头方能破浪前行。从铅与火、光与电到数与网、云与智，从一张报纸到全媒体矩阵，从战地硝烟到救灾一线，改变的是传播手段，不变的是职业操守。新时代新征程，《人民铁道》报业有限公司将深入贯彻习近平文化思想，在国铁集团党组的正确领导下，在中国记协、中国行业报协会的有力指导下，以永远在路上的执着持续深化"四力"锤炼，用心用情讲好中国式现代化铁路故事，为巩固壮大奋进新时代的主流思想舆论注入澎湃铁动力。

践行"四力"要求，创新求变、向新求效，讲好新时代核工业故事

中核（北京）传媒文化有限公司副总经理、中国核工业报社总编辑
孙敏莉
·········

在新技术、新媒体浪潮席卷下，信息传播格局正经历着前所未有的深刻变革。行业媒体作为特定领域信息的重要传播者，面临着全新的机遇与挑战。中核（北京）传媒文化有限公司（中国核工业报社改制后的实体法人）作为党在核工业领域的宣传喉舌，既守好"一报一刊"金字招牌，又应势而动、顺势而为，建立基本覆盖新媒体主流平台的全媒体矩阵，并延展内容挖掘、生产、呈现与传播方式，抓住"话语创新"这一牛鼻子，积极践行"四力"要求，深耕行业内容、提升传播效能，努力讲好新时代核工业故事，为壮大新时代主流思想舆论贡献力量。

2018年8月，习近平总书记在全国宣传思想工作会议上强调："不断增强脚力、眼力、脑力、笔力，努力打造一支政治过硬、本领高强、求实创新、能打胜仗的宣传思想工作队伍。""四力"相辅相成、有机统一，为做好新时代宣传思想工作提供了根本遵循。其中"脚力"是基础，要求深入基层、深入一线，贴近群众、贴近实际。"眼力"是关键，其核心是新闻敏感、新闻价值评判，要善于从纷繁复杂的信息中捕捉有价值的新闻线索。"脑力"是核心，体现为深度思考、创新思维，能够找准宣传

工作的切入点和着力点。"笔力"是落脚点，是将思想和创意转化为生动文字、形象表达的能力，要求宣传工作者具备扎实的文字功底和多模态传播能力。

新媒体时代，信息传播渠道多样，受众需求多元，话语创新已成为宣传思想工作突破传统、提升效能的关键所在，亦成为践行"四力"要求的核心要义。话语创新不仅是对语言表达形式的简单革新，更是对内容深度、传播理念以及叙事方式的全方位重塑。在践行"四力"要求过程中，中核传媒紧紧围绕话语创新开展工作，创新求变、向新求效，使话语创新贯穿于每一次传播实践，使核工业的声音在新媒体浪潮中更加响亮、更加动听。

一、以"脚力"为根基，挖掘话语创新源泉

基层、现场是故事产生的富矿，亦是话语创新的源泉。中核传媒始终坚持"脚板底下出新闻"的宣传理念，组织记者和宣传工作者深入核工业一线，走进科研现场、生产厂房、施工现场……与核工业工作者面对面交流，深入挖掘每一个鲜活感人的故事。

2024年是中华人民共和国成立75周年、中国第一颗原子弹爆炸60周年；2025年迎来中国核工业建立70周年。为进一步挖掘核工业历史故事、文化遗产，中核传媒联合多方力量推出"重走核工业路"系列报道。记者们深入原子能院、海南核电、核工业西南物理研究院等基层单位，沿着核工业发展足迹，用脚步丈量历史。从"一堆一器"的创建到"核能三步走"的推进，记者们深入采访了众多亲历者和见证者，挖掘出大量新的珍贵历史细节和生动素材。

针对常规的行业人物报道，中核传媒创新采用微纪录片形式，推出《大国工匠·核为大者》系列纪录片。创作团队深入核工业一线人物的工作及生活场景，进行追踪式长期实地拍摄，以真实人物故事为创作主线，展现核工业精神的接续传承。

通过这样深入基层的寻访式报道，核工业历史、故事和核工业人的精神风貌得以更加真实、立体、丰满地展现，传播效果也实现新突破。《大国工匠·核为大者》系列纪录片全网视频播放量超3200万次，相关话题总阅读量超3000万次。"重走核工业路"

《大国工匠·核为大者》系列纪录片

相关媒体报道及转载达10000余篇，话题传播量超亿次，"沾泥土、带露珠、冒热气"的核工业故事获得广泛好评。

二、以"眼力"为先导，校正话语创新标尺

信息爆炸时代，新闻敏感、新闻价值评判的"眼力"是新闻媒体区别于其他信息传播主体的看家本领。每一次取舍、辨析、考量，都是事实信息与内在知识、经验、价值观的互相"磨合"，都体现着媒体的立场、观点和方法。中核传媒始终坚持马克思主义新闻观，在纷繁复杂的信息中寻找与人民群众"同频共振"的切入点，实现流量与质量"两开花"。

《流浪地球2》上映时，中核传媒敏锐捕捉到电影热映带来的社会关注度，也研判出借此宣传核工业硬核科技实力与使命担当的可能。一幅"你们尽管想象，我们负责实现"的主题海报，以创新的话语形式将核工业的硬核科技与大众喜闻乐见的科幻文化相融合，传递出核工业人的使命担当，使原本专业且较为陌生的核工业话题瞬间变得亲切可感，极大提升了核工业在公众心目中的认知度和美誉度。后续联动其他国资央企，更是展现了国家科技、综合实力的整体提升，增强了广大网民对实现高质量发展乃至中华民族伟大复兴的信心，实现了价值导向的引领。此次联动，引发媒体广泛报道，仅微博话题触达人次已超11亿，互动网友超10万，成为全网现象级传播案例。此外，联动电影《解密》《哪吒2》、游戏《黑神话：悟空》等都取得良好传播效果。在长期新媒体运营实践中，中核传媒坚持"价值回归"，破除"流量本位"，以独特视角、创新表达，实现传播流量与价值引领的双向耦合。

三、以"脑力"为核心，培育话语创新思维

新闻宣传工作是系统化的"脑力"活动，宣传话语创新的关键是思维创新。中核传媒坚持鼓励宣传工作人员打破常规、勇于尝试，策划出一系列新颖独特、形式多样的传播方案，实现传统媒体与新媒体的深度融合。

1. "和气一号"品牌推广系列活动

2. 重走核工业路 沉浸式讲好"60、70"故事

2024年6月19日，我国首个工业用途核能供汽项目"和气一号"正式建成投产。为实现事件、品牌同步传播，在"和气一号"宣传报道过程中，中核传媒转变思维，创新传播形式，新闻科普双管齐下，将传统工业项目与电商平台相结合，利用"双11"购物狂欢节热度，吸引公众注意力。以独特的商品形式和活动方式，将核能、工业、网友等要素结合，实现新媒体端与传统媒体端同时发力，打破公众恐核、惧核心理以及对核能项目的传统认知，展现核能技术的创新应用和绿色发展理念。"大国重器首次可在淘宝下单""核能自嗨锅上架淘宝""核能供汽量可为1600万家庭蒸饭"等相关15个话题登上多平台热搜。仅微博"最硬核的国货购物车"话题便有超7.6亿阅读量、887.1万讨论量、1265.2万互动量，新华社、经济日报等多家媒体发布报道300余篇。

在国际传播实践中，中核传媒也积极转变思维，守正创新，不断探索新时代核工业国际传播方法。在报道罗辛铀矿时，中核传媒紧抓中非合作论坛峰会热点，积极与主流媒体对接，建立"点对点"联系沟通机制，破除国际传播的时空局限。同时，创新开展"罗辛星空课堂"直播，实现核能科普、社会责任、中非友谊等多主题融合传播。在策划报道中国加入国际原子能机构40周年过程中，中核传媒在聚焦机构大会、核技术部长级会议、小堆国际研讨会、11国外交官和机构新闻办主任苏菲走进中国等重要活动的同时，积极主动策划核设施开放边会、钱三强铜像捐赠、蓝皮书捐赠等宣传事件，实现多角度、立体化的国际传播。此外，本次新闻稿件包含大量现场拍摄的生动短视频作品，在传统主流媒体报道间隙，这些短平快的视频资讯通过多平台全时段发布，实现了适配不同受众人群的信息全方位覆盖。通过"线下活动"与"线上传播"相结合，"国内策划"与"国际现场"相结合，此次国际传播活动实现全球传播量超3亿，创造中核集团国际传播历史最好纪录。

四、以"笔力"为保障，强化话语创新能力

在新媒体环境下，单一的文字传播已难以满足受众多样化的需求，"笔力"的内

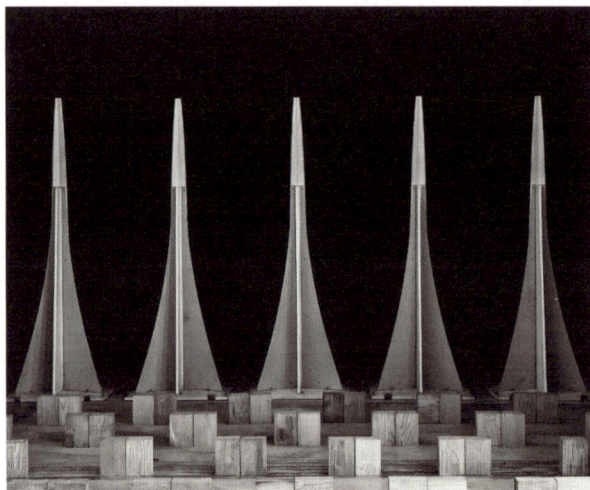

跨界创新——当"装置艺术"遇见核工业

涵也从传统的文字表达能力拓展到多模态传播能力。中核传媒在创新语言风格的同时，积极运用新技术，培养人员多模态传播能力，努力创作人民群众喜闻乐见的新闻作品。

2023年春节，《今天走亲戚，问我一年到头在外忙啥咧，我只回了八个字……》这条推送，正文仅有"强核报国 创新奉献"8个字，作为中核集团官微有史以来的最短内容推送，其阅读量迅速突破10万+，评论里"位卑未敢忘忧国，哪怕无人知我""茫茫戈壁，巍巍祁连，我将无我""干惊天动地事，做隐姓埋名人"等评论与文内的8个字，共同构成了新时代核工业精神的最生动诠释。此类创新的语言表达还有很多，"《三体》电视剧中史强用手枪打碎原子弹，并没有引发核爆形成蘑菇云，合理吗？""变形金刚的能量来源究竟是什么？如果和钢铁侠对战，哪边的能量会先耗尽？"……通过创新的语言表达，中核传媒打造了多个爆款作品，重大事件、科普内容、核工业精神等内容"润物细无声"地流入读者心中，取得良好的传播效果。

"大美核工业""当'装置艺术'遇见核工业"等以视觉为导向的系列作品，以全新视角重新展现核工业，深挖核工业美学，将工业元素与艺术风格相结合，创作出一系列具有视觉冲击力的作品。"'爆改'的风还是吹到了核工业"通过结合互联网热梗，将核工业的重大成就和核能特点以故事性、趣味性的方式进行整体呈现，采用互动式推文，利用点击换图小插件，提高受众参与感。故事性、趣味性和反差性的内容呈现，打破了传统新闻传播自说自话的尴尬，有力提升了受众喜爱度。

新媒体环境下，随着媒体实践的不断拓展，"四力"的内涵和要求也在不断拓展和深化。中核传媒始终坚持全面、准确把握"四力"的核心要义与丰富内涵，以"四力"要求为指引，不断推动话语创新，为讲好新时代核工业故事、新时代中国故事不懈奋斗，为增强新时代主流思想舆论影响力贡献力量。

笔耕蓝色国土　聚力能源报国

《中国海洋石油报》社有限公司总编辑

刘洪波
· · · · · · · · · ·

在媒体融合发展的时代浪潮中，行业媒体如何发挥自身优势，讲好行业故事、传播行业好声音，成为一道时代必答题。习近平总书记提出的"脚力、眼力、脑力、笔力"要求，为新闻工作者指明了方向。《中国海洋石油报》社有限公司（简称报社）作为海洋石油工业的当家媒体，紧扣时代脉搏，以"新春走基层"活动为重要契机，将"四力"要求转化为生动的新闻实践，为行业发展注入强大的精神动力，在蓝色国土上书写着行业媒体的独特价值与使命担当。

一、深入践行"四力"讲好行业故事

好新闻是跑出来的。海洋石油工业的壮美不在办公室，而在钻井平台上、在车间、在一线。从渤海湾零下15摄氏度的海上平台到南海"海洋石油982"钻井船，从黄土高原的非常规气田到甘南高原的光伏场地，记者们的足迹覆盖了我国能源保供的全链条。这种"深扎"不仅是对物理空间的突破，更是对行业媒体"现场意识"的回归。

1
2

1. 我国目前海上在生产的最老油
   田——渤海埕北油田，也是中
   国海域第一个完全按照国际规
   范、标准建设的现代化油田
2. 《中国海洋石油报》记者前往渤
   海金县1-1油田采访视频截图

走进基层，向群众学习，是党的新闻事业的优良传统。报社始终把发现新闻的"眼睛"聚焦在一线，从火热的油气生产实践中发掘素材与选题。当记者在渤海油田锦州23-2平台记录稠油热采时，不仅拍摄到蒸汽设备与寒风的"冰与火之歌"，更捕捉到海油人摘下棉工帽，脑袋上闷出的汗气和他们眼中对现场作业安全的执着。这种观察视角的转换，让专业报道穿透宏大的工业叙事，展现了技术突破背后的人性温度。

"双碳"目标背景下，面对能源领域的技术革命，海洋石油工业全面贯彻绿色发展理念，加快布局清洁生产和绿色低碳发展。报社紧密围绕海洋石油工业中心工作做文章，坚守"行业记者在行业"的传统，强化"脑力"训练，构建行业智库型媒体，培养"专家型记者"。记者在报道乌石油田群走出了一条具有自身特色的绿色转型之路的同时，结合2025年全国两会的政府工作报告中"协同推进降碳减污扩绿增长，加快经济社会发展全面绿色转型"等内容推出评论文章，解码能源转型的深层逻辑，使行业报道从现象描述升华为战略思考。

脚下沾泥土，笔下有温度。在《辽东湾奏响"冰与火之歌"》报道中，记者用"平台甲板灯穿透寒夜，与翻腾的滚滚蒸汽交相辉映"的文学化表达，将工业场景转化为视觉奇观；在《守护最后一公里的烟火气》中，记者与送气员扛着气罐爬楼入户，亲历"一方气"抵达百姓家中的最后一环，并针对全媒体传播特性，创新表达形式，用记者手记、纪实短视频、新媒体互动推送等载体，将保供路线转化为暖心的"打卡地图"，展现海油人保障民生用气"最后一公里"的民生温度。在《海上有座斑海豹"主题乐园"》报道中，记者跟踪记录中国海油保护斑海豹的故事，通过"小切口"展现中国海油的绿色发展理念。

二、机制创新激活新闻生产力

报社始终坚持党对宣传思想工作的全面领导。近年来，报社深入推进媒体融合，大力推动管理、采编、考评等方面的机制创新，努力打造一支政治过硬、本领高强、求实创新、能打胜仗的宣传思想工作队伍，持续提升新闻舆论传播力、引导力、影响力和公信力。

着力强化理论武装与专业培训。报社高度重视员工的教育培训工作。一是严格落实"第一议题"制度，利用"三会一课"、员工大会等加强学习教育，反复深入学习习近平总书记关于宣传思想工作的重要思想，以及关于国有企业、能源行业等的重要指示批示精神。二是针对海洋石油行业专业性强的特点，组织开展"深蓝之约——新闻中心通识大讲堂"，邀请行业内的专家学者和集团公司部门负责人，围绕行业前沿动态、政策解读、技术应用等主题开设专题讲座。三是建立全媒体好稿评选机制，每周组织1次"评报"会、每月组织1次"好稿"评选会，对标学习好经验、好做法，同步在办公区开辟了"编校显微镜""全媒光荣榜"，引导全员聚焦业务，打造精品。四是组织开展新闻采编技能比武、特色主题党日等线下活动，不断提升队伍的向心力、凝聚力、战斗力、执行力。

加快建成新型主流媒体平台。报社顺应媒体发展趋势，大力推动建设融媒体中心项目，构建"一报一刊三网四微五视一号一讯"16个平台，深挖全媒潜力，坚持推动内容产品、生产模式、传播方式深度融合，打造了以集团党组宣传部门为"中枢"、纵向融聚各所属单位、横向覆盖"两海"万余人大通联队伍的宣传阵地，推动全媒报道真正在一线直抵用户、落地见效。融媒体中心建设项目获全国传媒界唯一科学技术奖"王选新闻科学技术奖"一等奖、全国媒体技术应用案例二等奖。

常态化开展下基层与"张榜挂帅"选题机制。报社每年组织1/3采编人员深入基层驻站锻炼，4/5采编人员深入基层，扎根一线、锤炼"四力"，推进采编队伍深入基层转作风、改文风。为进一步激发团队的主动性与创造力，报社将重大报道选题、创新性报道方向等"张榜公布"，鼓励采编人员围绕主题开展全媒体策划和报道，形成积极参与、同台比武的热烈氛围。通过实行"张榜挂帅"，报社培养了一批"会问（调查研究）、擅写、能讲、敢管、长综合、政治强"的新型传媒人才。《钻向怒海更深处》《群英会战问潜山》等一系列报道脱颖而出，一批年轻记者在行业交流中出圈破圈。2023年以来，4名青年记者在连续两届全国石油石化能源系统"好记者讲好故事"

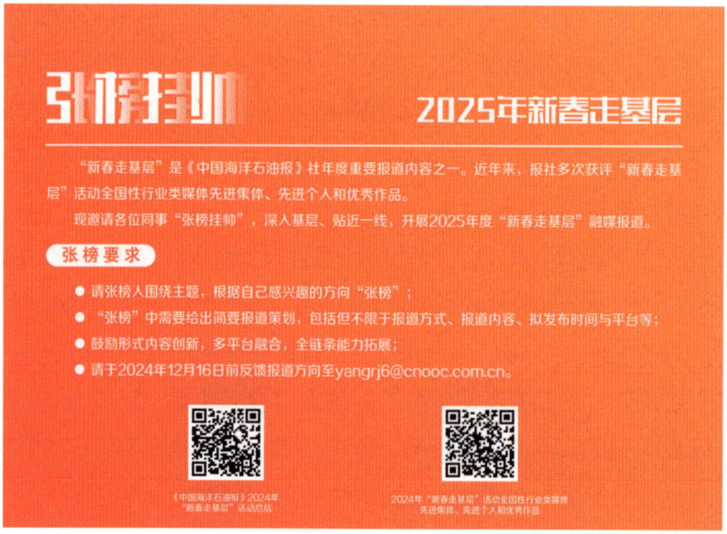

《中国海洋石油报》向编辑记者公开“张榜”，鼓励采编人员走进基层，采写鲜活新闻

演讲比赛中获评"十佳记者""优秀记者"。

稳步推进通讯员队伍建设。报社坚持"开门办报"好传统，持续扩大通讯员培训的规模、频次，办好实实在在的海油传媒大学。通过集中培训、深度体验式培训、派出师资培训、将通联培训课堂开到"生产一线"等多种形式，实现全流程帮带、全方位锻炼、全媒体实践，凝聚、培养了一批优秀的基层基础力量，组建了一张"覆盖全系统、扎到最前线、24小时不间断"的通联网络，着力打通宣传基层、服务基层群众的"最后一公里"。

三、在能源报国的壮阔征程中续写新的华章

基层为新闻报道提供了源源不断的活水，也成为新闻人施展个人才华、展现时代担当的大舞台。

在2020年"新春走基层"活动中，记者郝艳军荣获"中央新闻单位先进个人"称号。"迈好开局第一步，干出新年新气象"融媒体报道获2021年全国性行业类媒体"新春走基层"活动全媒体报道精品。"一路向北破冰行"系列报道全网阅读量近两百万，被中央电视台、《光明日报》等主流媒体以较大篇幅转发。摄影作品《渤海最北抗冰人》入选第29届全国摄影艺术展。

2025年年初，通过"张榜挂帅"机制，18位"张榜"记者组成10个采访组，赴海上平台、建造场地、加气站等具有行业特色的基层一线，围绕保障国家能源安全、大国重器建造进展、海洋能源新质生产力发展、天然气保供民生等主题，推出一大批"沾泥土""带露珠""冒热气"的新闻报道，记录海洋石油工人碧海丹心、能源报国的奋斗故事。1月14日至2月12日，报社报、网、微、视全平台发力，累计发稿111篇，总点击量超过600万次。在刚刚结束的全国性行业类媒体2025年"新春走基层"活动优秀案例评选中，《中国海洋石油报》"新春走基层·走在前 勇争先"融媒体报道团队入选"优秀团队"，视频作品《钻向怒海更深处》入选"优秀作品"。《中国海洋石油报》社成为同时摘得"优秀团队"和"优秀作品"奖项的8家单位之一。

当记者们的足迹踏遍万里海疆，当镜头对准能源动脉的每一次跳动，行业媒体正在以"四力"见证、记录、书写新时代的能源故事。未来，随着媒体技术的迭代升级，行业媒体必将以更昂扬的姿态，在能源报国的壮阔征程中续写新的华章。